LES SECRETS DU PASTEL

Simie Maryles,
Atwood Lane sous la neige fraîche,
48,3 x 55,9 cm

LES SECRETS DU PASTEL

Vingt artistes de grand talent vous apprennent à maîtriser les possibilités infinies du pastel.

CAROLE KATCHEN

ÉDITIONS BROQUET INC
C.P.310, LA PRAIRIE, J5R 3Y3, (514)-659-4819

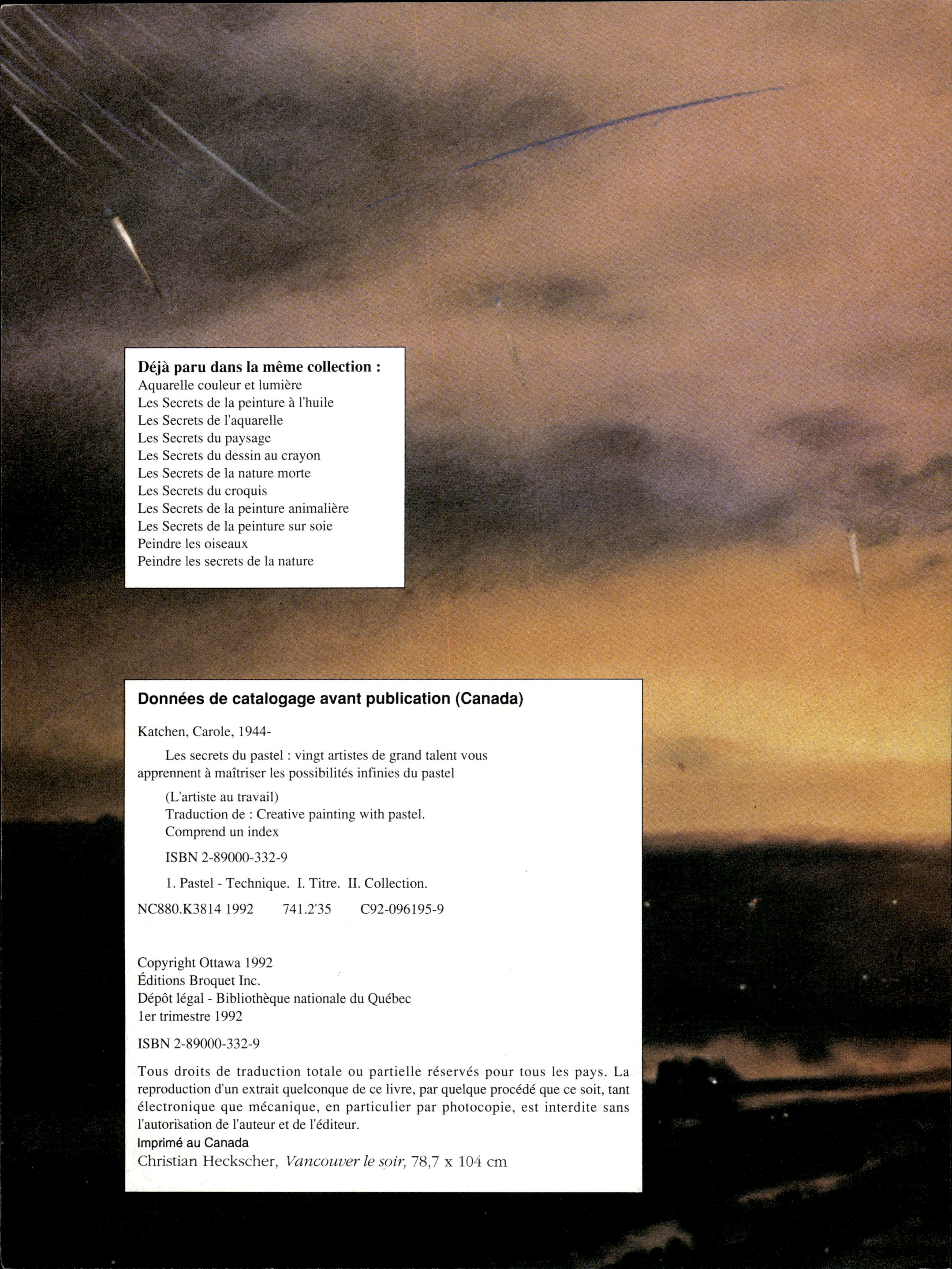

Déjà paru dans la même collection :
Aquarelle couleur et lumière
Les Secrets de la peinture à l'huile
Les Secrets de l'aquarelle
Les Secrets du paysage
Les Secrets du dessin au crayon
Les Secrets de la nature morte
Les Secrets du croquis
Les Secrets de la peinture animalière
Les Secrets de la peinture sur soie
Peindre les oiseaux
Peindre les secrets de la nature

Données de catalogage avant publication (Canada)

Katchen, Carole, 1944-

Les secrets du pastel : vingt artistes de grand talent vous apprennent à maîtriser les possibilités infinies du pastel

(L'artiste au travail)
Traduction de : Creative painting with pastel.
Comprend un index

ISBN 2-89000-332-9

1. Pastel - Technique. I. Titre. II. Collection.

NC880.K3814 1992 741.2'35 C92-096195-9

Éditions Broquet Inc.
Dépôt légal - Bibliothèque nationale du Québec
1er trimestre 1992

ISBN 2-89000-332-9

Imprimé au Canada

Christian Heckscher, *Vancouver le soir,* 78,7 x 104 cm

Je dédie ce livre à tous les pastellistes dont les oeuvres nous émerveillent, aux fabricants et aux distributeurs qui nous offrent un matériel si fantastique.

Remerciements

Je tiens à remercier tout particulièrement Greg Albert, Wolfgang Baeck, Sandy Conopeotis, JoAnne et Robert Hertz, David Lewis, Arnie et Rachel Mann, Mike Ward et Rachel Wolf.

Robert Frank, *Ombres de janvier*, 43 x 58,9 cm

Sally Strand, *Sieste au soleil*, 33 x 22,9 cm

SOMMAIRE

INTRODUCTION

Le mot "pastel" évoque le plus souvent les grands pastellistes du XVIIIe siècle tel Maurice Quentin de La Tour ou, au siècle dernier, les œuvres de la Britannique Mary Cassatt et les célèbres dessins de femmes de Degas. Pourtant, les pastellistes contemporains créent des œuvres très variées, audacieuses, violentes parfois, dynamiques et pleines de passion, qui traduisent une surprenante vitalité. La peinture au pastel n'a décidément rien à envier aux autres techniques car, outre ses avantages particuliers, elle permet d'accéder pratiquement aux mêmes effets.

Cet ouvrage se propose de vous faire découvrir les vastes possibilités du pastel, dont les seules limites sont fixées par la patience et la créativité de l'artiste.

Les outils se présentent sous forme de bâtonnets de section ronde ou carrée et existent dans de nombreuses couleurs. L'application est fort simple: on frotte l'extrémité sur la surface choisie, généralement du papier, sans avoir à attendre que la couleur se fixe en séchant. Aussi simple que soit la technique de base, elle se prête aux traitements les plus complexes et les plus subtils. Il suffit pour s'en persuader de comparer le style et les sujets des nombreux pastellistes contemporains.

Cet ouvrage présente les œuvres de vingt des plus grands pastellistes américains. Chacun d'entre eux a une approche différente de son art. Je vous invite à étudier leurs techniques et à les expérimenter. En explorant le monde merveilleux du pastel, vous ne tarderez pas à développer votre propre style.

Jane Lund, *Nature morte à la cruche bleue*, 55,9 x 50,8 cm

CHAPITRE 1

UNE GRANDE DIVERSITÉ
La beauté du pastel

Étant donné la multiplicité des traitements auxquels se prête le pastel, il ne saurait être réservé aux artistes accomplis. "J'ai commencé ma carrière d'artiste en peignant des huiles, raconte Sidney Hermel, et puis, peu à peu, je me suis mis à l'aquarelle pour peindre en extérieur. Mais c'est grâce au pastel que j'ai pu profiter des avantages propres à l'huile et à l'aquarelle, à savoir la spontanéité d'exécution et la brillance des couleurs vibrantes. Une fois familiarisé avec le pastel, je suis resté sous le charme. Maintenant, j'utilise cette technique presque exclusivement.

"On me demande souvent pourquoi ce choix plutôt que la peinture à l'huile. Le pastel est une peinture sèche, directe. Les bâtonnets sont les prolongements de mes doigts; nul besoin d'un pinceau entre la toile ou le papier et moi. D'autre part, je n'utilise aucun médium, et les couleurs ne risquent pas de s'assombrir comme avec l'huile, et elles ne perdent pas leur éclat comme les aquarelles.

"Les pastels sont durables et permanents, car ce sont des pigments purs contenant un liant inerte. Les œuvres ne s'abîment pas, et pourvu qu'on les protège (en les mettant sous verre) elles ont une durée de vie illimitée. On peut voir dans bien des musées à travers le monde des pastels vieux de plusieurs siècles qui ont conservé l'éclat de leur brillance initiale.

"Les pastels offrent au peintre tout ce dont il peut rêver: vitesse et spontanéité d'exécution, permanence et couleurs éclatantes."

L'art de Sidney Hermel a cette spontanéité des peintures sur le vif. Il dépeint les couleurs et les mouvements des rues new-yorkaises et européennes avec des traits plus

Sidney Hermel, *La pause du déjeuner*, 35,6 x 45,7 cm

Le pastel s'accorde bien à la peinture libre et expressive de Sidney Hermel. Il fixe le mouvement et la spontanéité de l'instant par des touches de couleur distinctes qui donnent vie et texture au tableau.

Jane Lund, *Gourdes et oignons*, 35,6 x 39,4 cm

L'artiste a mis onze mois pour terminer ce petit tableau. Elle a masqué les fenêtres de son atelier avec un rideau noir pour que sa nature morte soit uniquement éclairée par sa lampe à incandescence. Le résultat de son travail la satisfait d'autant plus qu'il est très difficile de rendre des détails aussi minutieux dans un format si petit.

audacieux que minutieux. La vitesse et la spontanéité du pastel sont idéales pour capter ces images cinétiques.

Mais de quelle utilité sont-elles pour le dessinateur méticuleux? Posons la question à Jane Lund, qui consacre très souvent plusieurs mois à une seule œuvre au pastel. Ses tableaux se reconnaissent à la virtuosité du traitement des détails. Le grain d'une peau d'orange, la veinure d'une boiserie ou la texture d'un tissu de lin, constituent les sujets de ses pastels.

"Je peins au pastel, dit Jane Lund, parce que je me considère avant tout comme une dessinatrice, et que cette technique se prête tout à fait à ce concept. Je peins avec une peinture sèche, ce qui rend inutiles les glacis, les vernis, etc.

"Mais il y aussi des inconvénients tels que la fragilité des surfaces, avec tous les problèmes d'encadrement et de transport que cela pose. Mais à mes yeux, la douce luminosité du pastel compense largement ces désavantages.

"Au début, c'est la simplicité de la technique qui m'a incitée à me lancer. Etant essentiellement autodidacte, j'ai pu progresser sans me sentir intimidée par un discours trop technique."

Hermel et Lund sont des artistes de grand talent, qui ont une bonne maîtrise des couleurs, des valeurs tonales, de la composition et du trait. Ils ont chacun un style très personnel.

Mais celui qui n'a jamais peint peut-il également espérer progresser avec les pastels ? Le pastelliste Doug Dawson répond par l'affirmative, et il sait de quoi il parle puisqu'il enseigne précisément à ses étudiants à s'exprimer par le pastel. Doug Dawson s'est fait connaître avec ses personnages, ses paysages et ses scènes urbaines d'une grande force d'expression.

"J'utilise le pastel avec mes élèves, car c'est une technique rapide, explique-t-il. On recouvre très vite de larges zones, et j'aime ce caractère immédiat qui incite à l'expérimentation. Il n'y a pas de temps perdu, ni de surprise lorsque les couleurs sont sèches. On voit immédiatement le résultat de son travail.

"C'est un matériau idéal pour apprendre à manier les couleurs, car les pastels ne se mélangent pas aussi facilement que les couleurs liquides. Pour obtenir d'autres tons, on mélange les couleurs sur le tableau, on crée les nouveaux tons par juxtaposition ou superposition. On est obligé de les découvrir soi-même. Et peindre devient une aventure."

Les débutants tireront avantage de la simplicité du pastel. Avec quelques couleurs et du papier, ils

Doug Dawson, *À travers la forêt de Berthoud*, 35,6 x 38 cm

Un simple torrent de montagne est pour Doug Dawson le prétexte à d'audacieux contrastes de couleurs et de valeurs tonales.

pourront réaliser un tableau d'une grande richesse de ton et de texture. L'artiste exigeant voudra peut-être exercer son talent sur diverses surfaces: papier, carton dur ou toile. Les pastels peuvent se diluer dans l'eau ou l'essence de térébenthine et être employés dans des techniques mixtes.

Chaque artiste développe son propre style. Certains peignent par touches distinctes, audacieuses, en laissant vibrer les couleurs — traits ou points — entre elles. Certains superposent de petites touches pour former de nouvelles couleurs en les fondant à la surface du tableau. D'autres frottent leurs pastels sur le papier et les estompent avec les doigts ou un chiffon pour obtenir une surface veloutée.

Le trait varie avec la dureté du pastel. Des crayons pastel ou des bâtonnets aiguisés tracent des lignes fines et sont utiles pour traiter des détails. En utilisant le pastel sur toute sa longueur, on recouvre rapidement de larges zones. Les hachures croisées donnent de la texture à la surface et de la profondeur; elles servent également à rendre les formes et à moduler les valeurs tonales.

En supprimant la trace des traits avec les doigts ou un chiffon, on crée de la transparence dans les couleurs. Il est possible d'utiliser les pastels comme des aquarelles ou comme de la peinture à l'huile diluée, et de superposer graduellement les couleurs comme des glacis. Cette technique du glacis

Sally Strand, *Pique-nique*, 76,2 x 102,9 cm

Les sujets favoris de Sally Strand sont les personnages exposés au soleil. En recourant à toute la gamme de tons des pastels, elle crée des contrastes intenses entre les zones fortement éclairées et les ombres.

Simie Maryles, *Jardin privé, à la fin de l'été*, 59 x 48,3 cm
L'artiste a créé une véritable tapisserie de couleurs dans cette scène apparemment très rigoureuse, qui se compose en fait de multiples petites touches de couleur qui s'unifient dans l'oeil du spectateur.

Richard Pionk, *Oranges et vin,* 50,8 x 63,5 cm

Des pastels très tendres et un carton de qualité musée, apprêté avec du gesso qui renforce sa rugosité, ont permis à l'artiste de superposer de nombreuses couches de pastel afin d'obtenir ces couleurs et ces textures d'une grande richesse.

Mary Morrison, *La Minoterie,* 74,9 x 101,6 cm

Grâce aux pastels, Mary Morrison peut modifier et parfaire sa composition en cours de travail. Fixant chaque couche de pastel avant d'introduire les couleurs suivantes, elle peut à loisir retravailler ses formes et ses valeurs tonales.

donne des mélanges de couleur particulièrement réussis. Le pastel étant une peinture sèche et solide, il est impossible de mélanger les couleurs sur la palette. Aussi les artistes doivent-ils frotter les pastels sur le support même, superposer les traits ou simplement juxtaposer des couleurs différentes. Cette dernière technique donne une surface aux couleurs vibrantes qui se fondent en un ton uni dans l'œil du spectateur.

Les multiples possibilités du pastel incitent à l'expérimentation, et ce d'autant plus que les erreurs se corrigent facilement. La poudre sèche s'enlève avec une gomme, avec un chiffon ou une brosse à poils durs. On peut aussi vaporiser un fixatif sur une partie du tableau pour en retravailler la surface.

Pour se convaincre des multiples possibilités du pastel, il suffit de comparer les œuvres de plusieurs artistes. Celles de Robert Frank, Jody dePew McLeane et Edith Neff, par exemple, qui ont adopté tous les trois le pastel pour exprimer leur vision très personnelle du monde.

Frank se définit comme un impressionniste; il combine l'aspect doux et velouté des couleurs fondues avec l'éclat des traits distincts et crée ainsi de charmants tableaux atmosphériques. McLeane cultive un style expressionniste en exploitant au maximum l'intensité des couleurs et du trait dans des œuvres d'une grande force émotionnelle. Quant à Neff, c'est une pastelliste au réalisme classique. À ses yeux, le pastel est le meilleur moyen d'exprimer des images. Les sujets architecturaux lui inspirent des dessins d'une grande vigueur.

Fay Moore, *Le peloton de Seattle*, 96,5 x 96,5 cm

Fay Moore rend l'excitation d'une course de chevaux par des textures vibrantes. Elle mêle l'aquarelle au pastel, recourant à des voiles de couleur, des éclaboussures et des traits audacieux pour construire une image en mouvement.

Le charme de la touche impressionniste

ROBERT FRANK

Robert Frank donne à ses tableaux l'atmosphère romantique que lui inspire une campagne luxuriante. Peintre des saisons, il représente les arbres et les cours d'eau par tous les temps et sous toutes les lumières. Sa palette privilégie les couleurs douces, les bleus, les verts et les roses délicats auxquels s'ajoutent parfois des accents de couleurs plus intenses. Il recherche avant tout la grâce et l'élégance des formes et des couleurs.

Le peintre définit de larges zones lisses, dont la douceur crée un climat de paisible attente. Viennent ensuite des ombres et des arbres sombres aux silhouettes vigoureuses et nettes, qui donnent une intensité dramatique à ses tableaux. "Je peins comme s'il s'agissait d'aquarelles ou de peintures à l'huile".

Robert Frank peint sur des supports très différents. Il aime particulièrement travailler sur du papier pour pastel, mais il peint aussi sur du papier de verre, du papier apprêté au gesso, ou sur du carton. "J'organise des masses de couleur et je définis de larges zones. Un tableau peut prendre vie dans les quinze premières minutes, ensuite c'est un vrai plaisir de travailler. La simplicité au départ, c'est la clé de la réussite.

"Je fais en sorte que ma touche soit vigoureuse, comme dans la peinture à l'huile où l'on manie la brosse sans ménagement. J'attaque en appuyant fortement sur le pastel, puis relâche la pression. Il m'arrive d'estomper l'extrémité du trait avec le doigt ou un chiffon."

Et Robert Frank d'ajouter: "Les débutants s'efforcent en général de trouver des astuces ou des raccourcis, mais malheureusement, cela ne les mène nulle part. Le pastel est semblable aux autres techniques: il faut apprendre les bases du dessin et de la peinture et ensuite... pratiquer, pratiquer, pratiquer."

Étape 1: *Le dessin de base est exécuté au fusain sur un papier à dessin coloré, puis il est fixé. L'artiste a choisi de peindre sur le côté le plus rugueux.*

Étape 2: *Il applique une couche de fond bleu-vert à grands traits, en frottant avec le corps du pastel. Appliqué sur une couleur chaude, le ton bleu-vert paraît plus froid. Il fixe à nouveau la couleur avec du fixatif.*

Étape [illegible]
coul[illegible]
suite[illegible]
pour servir de référence tonale. Les va-leurs tonales sont à présent toutes définies. Le fixatif entre de nouveau en action. La couleur du papier est encore visible dans une grande partie du tableau.

Étape 4: *L'introduction de nouveaux tons équilibre les couleurs, en tenant compte de la répartition des valeurs tonales et de la couleur du papier. Le ciel, le tronc de l'arbre et le premier plan sont travaillés. Les modifications ultérieures ne seront pas nombreuses , car dès ce stade chaque trait influe sur le résultat final. L'artiste n'utilisera plus de fixatif.*

Étape 5: *Les arbres ajoutés au fond, dans des tons plus clairs, donnent de la profondeur au tableau. L'artiste travaille plus en détail les broussailles le long du ruisseau, et l'eau elle-même. Il estompe certains endroits avec les doigts pour unifier les couleurs ou masquer la texture du papier, tout en faisant attention à ne pas altérer les traits essentiels.*

Robert Frank, *Bellbrook Creek en hiver*, 48,3 x 63,5 cm

Étape 6: *Il rajoute quelques détails, notamment des branches. Le fond violet est recouvert d'un voile plus clair pour renforcer l'impression de distance et contraster plus fortement avec la glace et la neige au premier plan.*

Robert Frank, *Marais au matin*, 53,3 x 73,7 cm

Un examen attentif révèle la formidable diversité des traits. Certaines des couleurs particulièrement sourdes sont dues à une couche de base de pastel dilué dans de l'essence de térébenthine.

Robert Frank, *Eau dormante au point du jour*, 61 x 81,3 cm

Remarquez comme la douceur des couleurs du fond contraste avec les traits distincts plus accentués au premier plan. Cela donne de la profondeur au paysage.

Des pastels très expressifs

JODY dePEW McLEANE

Les sujets pleins de vie que Jody dePew McLeane emprunte au quotidien contrastent avec les paysages paisibles de Robert Frank. L'artiste recourt à des traits de couleur audacieux et spontanés pour donner à ses tableaux une grande force émotionnelle. Elle utilise des pastels très tendres, sachant qu'elle peut modifier ou annuler un effet en repassant tout simplement dessus avec ses couleurs.

"L'épaisseur du pigment déposé par le pastel tendre rappelle la touche du pinceau, dit-elle. Le trait volontairement imprécis renforce cette impression de capter un instant du quotidien."

Cette artiste ne craint pas d'utiliser d'emblée les couleurs fortes qui lui paraissent s'imposer. Les couleurs et les valeurs tonales étant exagérées et les détails uniquement suggérés, c'est l'intensité émotionnelle qui l'emporte sur le réalisme de la scène.

Le pastel convient bien à sa facture directe et à l'éclat de ses couleurs. "Au début, le pastel représentait pour moi la première étape d'une peinture, par exemple, une esquisse sur le vif d'un paysage, que j'exploitais ensuite dans une peinture à l'huile réalisée dans mon atelier. Je me suis vite aperçue que j'éprouvais plus de plaisir à travailler au pastel qu'à la peinture à l'huile, et j'ai donc abandonné complètement celle-ci. J'aime créer l'action à la surface du dessin."

Étape 1: *Utilisant des pastels Rembrandt, l'artiste ébauche prestement la composition. Elle travaille sur du papier Mi-teintes Canson gris monté sur du contrecollé. Elle n'utilise pas de couche de fond et ne dilue pas ses pigments.*

Étape 2: *Elle recouvre les zones les plus sombres avec des pastels tendres Sennelier : du brun, du violet, du rouge et du vert. Elle utilise des hachures croisées pour que chaque couleur reste visible.*

Étape 3: *Jody ajoute ensuite des larges traits de rouges vibrants, avec les pastels tendres Schmincke, sur la chaise la plus proche du spectateur. Elle n'utilise aucun fixatif. Elle traite la fenêtre et les rideaux et ajoute des pointes de rose sur les tabourets de bar et sous la fenêtre. Elle veille à ne surcharger aucune zone du tableau à ce stade.*

Étape 4: *L'artiste travaille à présent ses valeurs tonales et ajoute des touches foncées et éclatantes pour rendre l'intensité de la lumière naturelle.*

Étape 5: *Guidée par l'intuition, elle ajoute des touches de couleur là où le tableau semble en manquer: sur les tabourets, le rideau et le siège des chaises.*

Jody dePew McLeane, *Table près de la fenêtre*, 66 x 81,3 cm

Étape 6: *Au stade final, l'artiste estompe les bords trop marqués entre les zones claires et foncées du rideau et affine ses couleurs.*

Détail: *Ce détail permet de mieux se rendre compte des touches audacieuses qu'affectionne l'artiste.*

Jody dePew McLeane, *Table bleue/chaises à rayures*, 40,6 x 50,8 cm

La force des touches et des couleurs transforme une nature morte banale en un tableau de grand impact. Jody a achevé son travail avec les pastels très tendres Schmincke, dont le pigment remplit les creux du papier rugueux.

La précision du détail

Étape 1: *Edith exécute d'abord un dessin précis au fusain. Elle détermine la composition et l'échelle d'après croquis et photos du sujet.*

Étape 2: *Elle étend librement les couleurs locales sur tout le papier, rouge sur le toit, jaune sur les lattes, vert sur le feuillage.*

EDITH NEFF

Les bâtiments peints par Edith Neff sont des présences familières et non des structures froides de brique et de mortier. Son choix procède d'une longue observation sous divers éclairages et conditions climatiques. Elle prend de nombreuses photos, étudiant la façon dont changent les formes selon la lumière.

Edith Neff commence sa composition par un dessin au fusain très minutieux car, à ses yeux, ce sont les détails qui rendent l'essence de l'architecture. Elle indique avec précision les formes, les angles, les textures. Le dessin demeure important tout au long de la création du tableau.

Elle construit sa peinture en accumulant les traits distincts jusqu'à ce que l'image ait les couleurs, les valeurs tonales et la densité souhaitées.

"Je travaille au pastel pour de multiples raisons, explique Edith Neff. J'ai toujours aimé dessiner, et les pastels permettent d'associer la technique du dessin avec les couleurs de la peinture. Je m'intéresse beaucoup aux formes créées par le jeu de la lumière et des ombres sur les bâtiments, et je trouve que l'intensité des couleurs en pastel est sans égal.

"Mon choix des pastels est également dicté par mon goût pour l'architecture, les matériaux utilisés en maçonnerie, les bardeaux, le marbre, le ciment ou l'ardoise. Le pastel est étroitement lié au sens du toucher. Je crois pouvoir faire sentir ce qu'est un bâtiment grâce au pastel."

Étape 3: *Le dessin disparaît peu à peu sous l'accumulation des traits. Du fait de l'importance des détails, elle renforce régulièrement le dessin avec un fusain tendre compatible avec les pastels tendres qu'elle utilise.*

Étape 4: *Elle enrichit ses couleurs en multipliant les nuances tonales et les ombres dans chaque zone. On remarque du rouge, du bordeaux et du rose pour le toit, du brun, du violet et du vert pour les ombres. La fusion des tons va s'opérer dans l'oeil du spectateur et donner l'illusion d'une couleur continue.*

Étape 5: *La densité des pigments s'intensifiant, elle se concentre sur les valeurs tonales et les couleurs. Le contraste des tons est essentiel pour restituer les trois dimensions de l'architecture et du feuillage.*

Edith Neff, *Lemon Hill*, 63,5 x 81,3 cm

Étape 6: *Contrairement aux apparences, le tableau achevé se compose d'une multitude de petits traits se chevauchant. Les détails et les formes architecturales de base sont indiqués par les lignes noires au fusain qui restent visibles à l'état final.*

Jody dePew McLeane, *Femme aux cheveux roux*, 81,3 x 101,6 cm

CHAPITRE 2

LE MATÉRIEL
Les outils du pastelliste

Comme dans toutes techniques, le choix du matériel détermine la qualité du résultat final. Il faut tenir compte notamment du degré de dureté des pastels, de la texture du papier et de l'usage éventuel d'un fixatif.

Les pastels sont fabriqués avec des pigments en poudre mélangés à un liant (gomme adragante ou colle), puis roulés en forme de bâtonnets qu'on laisse sécher. Plus la quantité de gomme est importante, plus le pastel est dur. La poudre, blanche ou noire, utilisée pour multiplier teintes et nuances a également une influence sur la dureté du pastel. La poudre blanche est généralement plus tendre que la noire.

Les pastels les plus durs grattent la surface du papier, laissant derrière eux très peu de pigment, contrairement aux pastels tendres qui s'effritent très facilement. Chaque type de pastel a son utilité.

LES CRAYONS PASTEL

Les pastels les plus durs sont en principe les crayons pastel. La dureté du pigment jointe à la finesse de la pointe en font d'excellents outils pour le dessin, qui exige souvent des traits incisifs et minutieux. On varie l'épaisseur du trait en aiguisant plus ou moins la pointe du crayon avec du papier de verre ou un couteau, et on modifie la valeur tonale selon la pression exercée. De larges traits parallèles ou des hachures croisées permettent de recouvrir rapidement de larges zones.

Les crayons pastel peuvent se comparer à des crayons graphite, à ceci près que la couleur macule plus facilement le papier. C'est un avantage quand il s'agit d'estomper et de fondre les traits. Les crayons pastel sont de bons instruments pour réaliser un dessin préliminaire et pour le rendu des détails.

Deux mises en garde cependant: attention à ne pas imprimer une trop forte pression en dessinant, car le pastel dur risque de laisser des marques inesthétiques sur la surface soyeuse du support. D'autre part, si des détails ultérieurs doivent être traités avec des crayons pastel, évitez les couches épaisses de pastel tendre aux endroits concernés, car le pastel dur adhère mal sur une surface molle.

LES PASTELS DURS

Les pastels durs les plus couramment utilisés sont les NuPastel et les Carrés Conté. La plupart des marques de pastels tendres incluent également quelques bâtonnets très durs. J'achète en général mes pastels au détail et je contrôle la dureté de chaque couleur.

Comme les crayons pastel, les pastels durs permettent une grande précision. Ils sont utiles pour les lignes et les détails et pour étendre de fines couches de couleur. Ce sont le plus souvent des bâtonnets de section carrée; on peut utiliser les coins pour un travail minutieux. Aiguisez-les éventuellement avec

Assortiment des différents pastels utilisés par Elsie Popkin.

un couteau ou du papier de verre. Je fais les mêmes mises en garde pour les pastels durs que pour les crayons pastel.

LES PASTELS TENDRES

Les pastels tendres sont mes instruments favoris. On recouvre de larges zones rapidement, les couleurs se mélangent facilement, et on peut aussi traiter les détails.

La douceur du pastel varie selon les marques, et à l'intérieur d'une même marque, selon les couleurs. Sennelier et Lefranc & Bourgeois proposent une gamme assez tendre, les pastels Schmincke sont vraiment très tendres, les pastels Rembrandt un peu moins.

Les pastels tendres ont aussi leurs inconvénients. Les bâtonnets s'usent forcément plus vite. Ils ont également tendance à remplir les creux du support, masquant ainsi la texture du papier qui constitue souvent un élément visuel important de l'œuvre. Et comme je l'ai dit précédemment, il est difficile d'étendre un pastel dur sur une couche tendre trop généreuse. C'est pourquoi, il est de règle d'appliquer les pastels tendres sur les pastels durs et non l'inverse. Il est donc conseillé de recourir aux pastels durs pour introduire les couleurs de base, avant d'utiliser les pastels tendres de Sennelier, Girault, Rowney ou Schmincke...

Elsie Dinsmore Popkin, *Parc floral de Reynolda - Soucis et célosies*, 76,2 x 96,5 cm

Comme la plupart des artistes, Elsie Popkin utilise d'abord ses pastels les plus durs (Rembrandt et Grumbacher) et poursuit son travail avec des pastels plus tendres (Diane Townsend).

FABRIQUER SES PASTELS SOI-MÊME

Les gammes de pastels tendres de nuances foncées proposées dans le commerce sont parfois limitées. Il est tout à fait possible de fabriquer ses propres pastels à condition de prendre certaines précautions. La recette de Jody dePew McLeane est fort simple:

"Les rouges, verts et bleus foncés s'obtiennent facilement en réduisant en poudre fine un bâtonnet noir entier de Rembrandt avec un morceau de pastel tendre rouge, vert ou bleu de Sennelier. Le pastel Rembrandt contient assez de gomme pour que la pâte, obtenue en mélangeant cette poudre avec une petite quantité d'eau, puisse être roulée et façonnée en un nouveau bâtonnet qui durcit en un ou deux jours."

Madlyn-Ann Woolich fabrique également certains de ses pastels à partir des bouts qui lui restent, utilisant des pigments de base et des liants à la gomme. Pour aller plus vite "broyez dans un mortier des morceaux de pastel de couleur avec un pastel noir, ajoutez de l'alcool, étendez la pâte et laissez-la sécher. Quelle que soit la méthode employée, il est indispensable de porter un masque et des gants en caoutchouc pour éviter toute inhalation ou ingestion de pigment. L'aire de travail doit être d'une propreté absolue."

LES PAPIERS PASTEL

Bien que le choix des surfaces se prêtant au pastel soit très varié, la plupart des œuvres sont réalisées sur papier. Le papier Mi-teintes Canson semble jouir d'une faveur particulière auprès des artistes.

Ce papier, de format 65 x 50 cm, existe en différentes couleurs. Son grammage assez fort permet de retravailler la surface et donne une texture capable de retenir le pastel. Un côté est plus rugueux que l'autre, ce qui offre le choix de la surface.

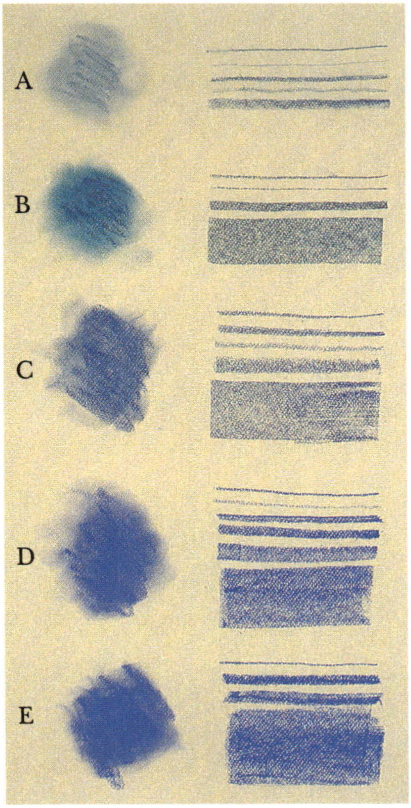

Voici plusieurs traits, dont un trait estompé au doigt, réalisés avec cinq bâtonnets différents. Du pastel le plus dur au plus tendre et de haut en bas: A) crayon pastel; B) NuPastel; C) pastel Rembrandt; D) pastel Sennelier; E) pastel Schmincke.

Jane Lund, *Nature morte aux trois oeufs*, 50,8 x 57,2 cm

Contrairement à Elsie Popkin, Jane Lund utilise d'abord les pastels tendres puis des pastels de plus en plus durs. Elle procède par minuscules touches de couleurs tendres qu'elle mélange avec des traits de pastels Holbein plus durs, pour finir avec des NuPastel très durs pour les détails fins.

Le papier Canson se vend également en rouleau de 1,50 x 10 m. Pour que le papier soit bien à plat, Tony Ortega conseille de vaporiser un peu d'eau dessus et de le sécher rapidement avec un séchoir à cheveux.

Le papier Morilla de Fabriano, d'environ 100 x 70 cm, est le support pour pastel que je préfère. Il est très rugueux et suffisamment robuste pour supporter les "mauvais traitements".

Les papiers Duracolor et Artiques (Aquabee) sont également robustes, ils ont une texture et existent en différents coloris. Mais une abondance de colle leur donne une surface grasse. Il est nécessaire de pulvériser du fixatif entre chaque couche de couleur.

Le papier Roma offre une gamme de couleurs splendides et sa texture est semblable à celle du papier pour fusain.

On pourrait citer beaucoup d'autres papiers pour pastel. Essayez différentes marques et qualités pour trouver celui qui convient le mieux à votre technique.

Effets différents selon la qualité du papier. De gauche à droite et de haut en bas: 1) papier de verre Starcke; 2) toile abrasive Hermes; 3) papier fusain Antique Ingres; 4) papier gravure BKF Rives; 5) papier gravure Vélin d'Arches; 6) papier fusain Strathmore; 7) papier pastel Morilla de Fabriano; 8) papier pastel Artique d'Aquabee; 9) papier Canson Mi-teintes à dessin.

Les papiers de verre accrochent les pigments, donnant des couleurs denses. Les papiers fusain ont une texture plus linéaire; les traits se fondent plus facilement sur leur surface, comme sur le papier Artique. Les papiers pour pastel et gravure ont une texture plus rugueuse qui retient bien le pigment et donne des surfaces intéressantes. Essayez différents papiers pour savoir quel sont les mieux adaptés à votre technique.

PAPIERS DIVERS

Les supports pour fusain tels que les papiers Strathmore ou Ingres, fabriqués par Bienfang, ont une très belle texture et ils offrent une large gamme de couleurs, mais comme ils sont plus fins, il faut les traiter avec précaution.

Si vous aimez les surfaces plus lisses, essayez les papiers pour gravures et impressions. Ils sont bien adaptés aux œuvres au pastel qui privilégient le velouté des couleurs fondues. Au contraire, pour une texture plus grossière, choisissez des papiers rugueux pour aquarelle, surtout si vous utilisez l'acrylique ou l'aquarelle en fond.

Sidney Hermel peint souvent sur du papier de verre. Il utilise deux marques allemandes: Starcke, un papier de verre fin, et Hermes, une toile abrasive particulièrement rugueuse. Il ignore la permanence exacte de ce type de pastels, mais il a pu constater que des œuvres vieilles de vingt à vingt-cinq ans ne présentaient aucun signe de détérioration. "La rugosité du papier de verre retient mieux le pastel. Mais il est impossible d'employer une peinture à base d'eau comme couche de fond, car l'eau ramollit et gâche la texture de la surface. Je conseille par conséquent l'usage d'une peinture à l'huile fortement diluée dans de la térébenthine."

Diana Randolph peint sur du papier de verre pour pastel Grumbacher. Elle étend son pastel sur le papier, puis passe un pinceau imprégné d'essence de térébenthine sur le pigment. La couleur s'estompe en teintant le papier et, une fois sèche, tient lieu de couche de fond.

LES TOILES À PASTEL

Ce sont des polytoiles en fibres synthétiques non tissées renforcées de fibre de verre. "Cette surface, dit Fay Moore, retient le pastel comme le ferait le velours, mais elle n'a pas le même aspect. Elle absorbe une couche de base ou une teinte de la même façon que le papier, mais sans se déformer une fois mouillée." (Ce type de toiles ne se trouve que dans des magasins très spécialisés.)

Certains artistes fixent leurs toiles à pastel sur un châssis. Sachant que le pigment risque de ne pas tenir sur une surface aussi flexible, Fay Moore préfère coller son support avec un gel acrylique sur du contre-plaqué ou du Carton-plume sans acide.

Parmi d'autres supports possibles, citons le papier-velours ou le carton entoilé. Les toiles à pastel de Fredrix, qu'on peut fixer sur du carton, fournissent un support très résistant. Choisissez des matériaux sans acide et dont les couleurs ne déteignent pas.

Richard Pionk, *Douce-amère et pommes,* Papier pastel, 48,3 x 61 cm

Richard Pionk, *Reflets,* carton apprêté au gesso, 40,6 x 50,8 cm

Ces trois natures mortes de Richard Pionk montrent l'influence du support sur le résultat final. Dans le tableau Douce-amère et pommes, *sur papier pastel, la couleur est soyeuse et les valeurs restent plutôt dans les demi-tons.*

Le choix d'un carton apprêté au gesso pour Reflets *a permis à l'artiste d'appliquer une couche de base qui renforce le contraste des tons (remarquez la densité de la zone d'ombre la plus sombre). Le carton renforce la texture des traits de pastel, créant ainsi une surface plus intéressante.*

C'est avec Raisins et pomme, *sur papier de verre qu'il a obtenu les tons les plus contrastés; les raisins semblent jaillir de la bouteille comme des gouttes de lumière. Le papier de verre accroche le pastel et retient un pigment épais. L'artiste obtient ainsi des couleurs intenses capables de rivaliser avec les plus belles peintures à l'huile.*

Richard Pionk, *Raisins et pomme,* papier de verre, 22,9 x 27,9 cm

LES CARTONS POUR PASTEL

De plus en plus d'artistes optent pour le carton. Le papier pastel existe à présent sur du contre-collé, ce qui offre l'avantage d'une surface en papier et celui d'un support résistant.

Certains se contentent d'enduire de gesso du contre-collé ou du contre-plaqué pour avoir une surface rigide. Plusieurs couches de gesso appliquées au pinceau dans des sens différents créent une surface texturée. Cet apprêt est nécessaire pour protéger le support quand on veut étendre une couche de fond — surtout avec une peinture ou un solvant à l'huile.

D'autres pastellistes préfèrent donner à leurs cartons une texture abrasive pour plusieurs raisons. Ainsi, pour Barbara Hails c'est le seul moyen d'obtenir des surfaces impossibles à trouver dans le commerce. "Nul besoin de s'inquiéter, explique-t-elle, la surface rugueuse supporte jusqu'à huit couches de couleurs superposées. Les erreurs en cours de travail s'éliminent facilement avec un pinceau en soie. Et comme le carton a été exposé à l'humidité dans l'étape de préparation, on peut le mouiller éventuellement avec une technique mixte, à condition de le laisser sécher à plat.

"Les surfaces abrasives disponibles dans le commerce contiennent le plus souvent un acide qui leur ôte leur permanence. Dans l'encadré ci-contre, je donne la recette permettant d'obtenir un carton qui résiste au temps."

Préparation d'une surface abrasive

Matériel:

Un carton pur chiffon de qualité musée, 2 ou 4 épaisseurs de feuille (je recommande le carton 4 feuilles Rising ou "Crescent")

4 mesures de gel acrylique Liquitex

2 mesures de matière rugueuse*

1 mesure d'eau

éventuellement: une couleur acrylique pour colorer le fond

(*poussière de marbre, poudre de ponce, carborundum...)

PRÉPARATION

1. Humidifiez un côté du carton avec une brosse plate imbibée d'eau claire. Un carton sec absorberait toute l'humidité contenue dans le mélange rugueux, il serait alors impossible de l'appliquer uniformément.
2. Recouvrez entièrement le carton (côté mouillé) d'une fine couche du mélange abrasif avec une brosse de 5 cm de large. Répétez trois ou quatre fois l'opération en veillant à travailler chaque couche perpendiculairement à la précédente. Appliquez la dernière couche très délicatement. Nettoyez immédiatement la brosse dans de l'eau savonneuse, et laissez sécher le carton bien à plat sur un support propre. Il va se déformer et s'enrouler en séchant.
3. Le carton sec est tout gondolé. Pour l'aplatir, mouillez l'autre côté avec une brosse et de l'eau claire, comme précédemment. Maintenez-le à plat avec des objets lourds jusqu'à ce que l'eau lui fasse perdre sa rigidité et le détende.
4. Mélangez dans un récipient une mesure de gesso acrylique avec une mesure d'eau. Appliquez régulièrement le gesso sur le carton à l'aide d'une brosse de 5 cm. Laissez sécher le carton à plat. Nettoyez la brosse à l'eau et au savon.
5. Coupez le carton bien sec au format désiré avec un couteau et une règle plate. Vous pouvez sans crainte empiler vos cartons à plat. Ils sont extrêmement résistants et, pour peu qu'ils aient séché sur une surface bien plate, ils supporteront sans problème une peinture à l'eau ou à l'huile.

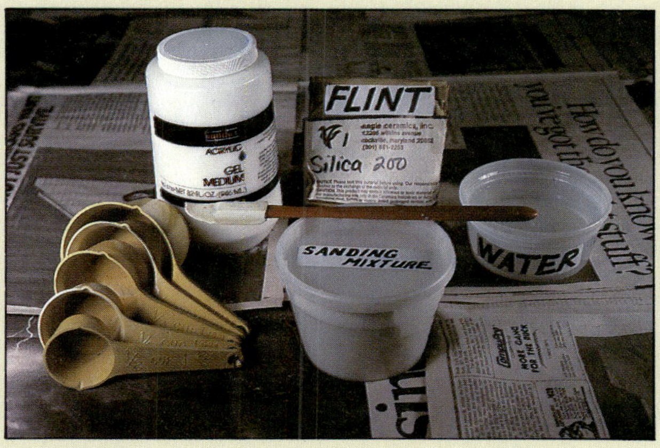

Rassemblez votre matériel et travaillez sur une large surface plate recouverte de plastique ou de papier journal.

Appliquez trois ou quatre couches du mélange contenant les ingrédients abrasifs sur le carton mouillé.

Le carton s'enroule en séchant.

Des objets lourds permettent de l'aplatir.

Appliquez un mélange à base d'eau et de gesso acrylique au dos du carton.

Mary Morrison, *Le Dépôt*, 72,4 x 91,4 cm

Mary Morrison n'est jamais certaine de la façon dont va évoluer sa composition. Même si sa couche de fond fournit les bases du motif, elle change ses formes et ses valeurs tonales à plusieurs reprises en cours de travail. Modifiant partiellement ou totalement certaines zones, elle peut retravailler à volonté sa surface avec de nouvelles couches de pastel tendre, grâce au fixatif qu'elle vaporise sur chaque couleur.

LES FIXATIFS

Utilisés en premier lieu pour protéger les œuvres au pastel, les fixatifs peuvent également jouer un rôle important dans la création même du tableau. Vaporiser du fixatif entre deux couches de pastel permet de continuer à travailler sur la surface et préserve la fraîcheur et la spontanéité des traits ultérieurs.

L'utilisation d'un fixatif sur l'œuvre finale fait l'objet d'une controverse entre artistes et marchands de tableaux. Ceux-ci veulent des œuvres permanentes, d'une propreté absolue. Manipulant fréquemment les tableaux, ils aimeraient pouvoir laisser traîner leurs doigts sur le pastel sans enlever aussitôt de la poudre. À cette fin, il faudrait pulvériser une énorme quantité de fixatif sur chaque œuvre. Or l'abus de fixatif assombrit les couleurs et enlève au pastel tout ce qui fait son charme.

Les artistes, quant à eux, aimeraient se passer totalement de fixatif, tout en sachant que c'est impossible. En effet, non seulement la poudre se glisserait dans tous les coins du cadre et salirait le contrecollé d'encadrement, mais l'électricité statique aurait tôt fait de projeter le pigment sur le verre ou le plexiglas protecteur.

C'est pourquoi de nombreux peintres en usent généreusement en cours de travail, et avec parcimonie (sinon pas du tout) quand le tableau est fini. J'utilise moi-même du fixatif Krylon ou Blair en cours de travail, et en pulvérise plusieurs couches légères à la fin. Je procède par mouvements lents pour que le produit recouvre la surface uniformément. Une seule couche épaisse tend à donner un brillant artificiel à l'œuvre.

Pour éviter de recourir trop souvent au fixatif, certains artistes retirent l'excès de matière en tapotant ou secouant le carton, parfois très vigoureusement! Tony Ortega, qui travaille sur papier, suggère de maintenir le pastel verticalement et d'approcher un séchoir du bord. (Portez un masque pour vous protéger de la poussière.)

Madlyn-Ann Woolwich, *La double rangée de vagues*, 55,9 x 71 cm

L'artiste travaille soigneusement sa composition, les valeurs tonales et les couleurs au fusain, à l'acrylique et au pastel dur. Elle utilise ensuite un fixatif avant de passer aux finitions avec des pastels tendres. Lorsque le tableau est terminé, elle enlève le pigment en excès en tapant au dos du carton, puis applique une nouvelle couche de fixatif.

Robert Frank décrit son atelier: "Je place le chevalet et le carton à dessin à côté d'une fenêtre orientée au nord et dont l'ouverture fait 3 m de large. Le chevalet est solide et peut s'ajuster facilement. Je garde un aspirateur à proximité pour aspirer régulièrement la poussière.

CONSEILS DE PRUDENCE

La technique du pastel peut s'avérer très dangereuse si on ne prend pas quelques précautions élémentaires. Le problème le plus important est la poussière, car elle peut être toxique. Travaillez sur un support vertical pour que le pigment en excès tombe par terre et ne reste pas en suspension dans l'air. Portez un masque éventuellement.

"Le pastel peut être très nocif pour les poumons, dit Deborah Deichler. Je "m'enrhume" littéralement lorsque j'inhale par inadvertance la poussière fine de mes pastels. J'utilise un appareil pour filtrer l'air. Le filtre est complètement encrassé quand j'ai fini de peindre un seul tableau. Lorsque je me sers d'un séchoir, ce que je fais rarement, je place l'appareil à filtrer tout contre le tableau, à sa puissance maximum !

"J'étale du papier d'aluminium en dessous du tableau, sur la tablette du chevalet. Je récupère ainsi une quantité incroyable de poudre de pastel." Un sac en papier ouvert remplira la même fonction que le papier d'aluminium.

Manipulez avec prudence les couleurs contenant des produits chimiques toxiques, tels que le cadmium, surtout si vous frottez le pastel avec les doigts. Vous trouverez en annexe 1 du présent ouvrage une liste non exhaustive des substances toxiques contenues dans les pastels.

Les fixatifs vendus dans le commerce sont également dangereux. Utilisez-les toujours dans un lieu correctement ventilé, et de préférence à l'extérieur. L'usage d'un masque n'est pas inutile.

Des pastels durs aux pastels tendres

MADLYN-ANN WOOLWICH

Au cours des années, Madlyn-Ann Woolwich a mis au point une technique tirant parti des différents avantages des pastels tendres et durs. Elle cherche à atteindre une luminescence maximum dans ses tableaux.

Elle puise ses sujets dans la nature: paysages, marines ou représentations florales. Elle commence toujours par des études de valeur au crayon et des esquisses au pastel ou à l'aquarelle de format 13 x 18 cm. Elle prend également des photos pour garder la trace des effets atmosphériques et de la lumière.

L'artiste réalise ses œuvres au pastel sur du papier couché ou du contre-collé recouvert d'un mélange d'acrylique, de gesso et de poudre de ponce. Elle obtient ainsi des surfaces dures et résistantes, capables de supporter les six couches de pigment que requièrent ses tableaux.

Madlyn-Ann Woolwich introduit d'abord les tons foncés et finit avec les plus clairs. Elle fabrique elle-même ses pastels aux couleurs profondes. Pour avoir une belle luminosité, une peinture doit contenir "des tons foncés plein de corps et de force, dit-elle. Ce sont les contrastes qui donnent du dynamisme à la composition, et la distribution des rehauts unifie les différents éléments du paysage. Un paysage réussi possède sa propre vie. Tous les éléments s'y combinent pour que les couleurs, le dessin et l'ambiance engendrent une puissante émotion."

Madlyn-Ann commence par réaliser des esquisses en couleurs et prend des photos de la scène et des personnages.

Elle prépare un carton rugueux en recouvrant d'un mélange de gesso, d'eau et de poudre de ponce un carton de qualité musée, dépourvu d'acide.

Étape 1: *Elle dessine sa composition d'après ses croquis et ses photos avec un crayon fusain et en s'intéressant particulièrement aux formes négatives. Ce travail terminé, elle pulvérise par-dessus du fixatif Morilla. Le fusain excédentaire a été enlevé pour que la surface reste propre.*

Étape 2: *Travaillant sur un chevalet, elle étale au pinceau une peinture acrylique bleue sur le dessin au fusain.*

Étape 3: *Elle applique ensuite une couche de base à l'acrylique dans des couleurs et des valeurs tonales assez proches du sujet. Certaines zones, comme le ciel, sont traitées dans une autre couleur en vue d'un effet plus intéressant. Les blancs viennent en général sur du jaune ou de l'orange pour rendre la chaleur du soleil. Elle comble les larges espaces sombres avec du vert foncé, du bleu de cobalt et du violet.*

Étape 4: *La composition est ensuite travaillée avec les pastels durs Conté et NuPastel. Elle applique ses couleurs avec des touches libres et distinctes, jouant sur le sens et le type des traits pour indiquer la texture naturelle du sujet. À ce stade, elle s'en tient aux valeurs moyennes et foncées, avec quelques rares tons clairs en guise de références. Elle vaporise une couche légère de fixatif par-dessus le pigment.*

Étape 5: *Viennent ensuite les pastels Rembrandt, plus tendres. Recourant à des traits épais, elle se rapproche des tons définitifs. Elle travaille sur toute la surface du tableau, reprenant les mêmes couleurs ici et là. Elle estompe la couleur, contrairement à son habitude, pour que les zones d'ombre et de lumière se fondent légèrement. Une légère vaporisation de fixatif couronne ce travail.*

Madlyn-Ann Woolich, *Une matinée à Monhegan Island,* 48,3 x 73,7 cm

Étape 6: *Les dernières touches sont données avec des pastels Rowney, Sennelier et Schmincke, les plus tendres et les plus généreux. "Par leur richesse et leur friabilité, les pastels tendres sont presque des pigments purs, dit l'artiste. Les couleurs rayonnent de lumière."*

À ce stade final, elle parfait le dessin et retravaille la valeur tonale du ciel. "C'est la plus belle partie du pastel à la fin, lorsque j'ajoute les tons clairs et moelleux sur les personnages, le toit, l'herbe, la barrière et l'allée. Les trois personnages doivent accrocher les regards. Pour ce faire, je les éclabousse de lumière."

Madlyn-Ann Woolich, *Le phare d'East Point*, 53,3 x 71 cm

Bien que l'artiste applique une première couche de peinture acrylique et utilise des pastels durs pour les premières couleurs, le tableau terminé présente en surface les traits riches et épais qu'on ne peut effectuer qu'avec des pastels très tendres sur un carton recouvert d'une couche abrasive. Ces traits rapides et audacieux donnent de la force au caractère pourtant massif de ce sujet architectural.

Barbara Geldermann Hails, *Solitude*, 81,3 x 101,6 cm

CHAPITRE 3

LA COUCHE DE BASE
Un choix très utile

Beaucoup d'artistes commencent leurs œuvres au pastel par un fond d'aquarelle, d'acrylique ou de peinture à l'huile. Lorsqu'il est sec, ils continuent leur travail au pastel.

Cette couche préliminaire peut avoir la simplicité d'un aplat de couleur ou la complexité d'une peinture achevée. Son but est de fournir un ton de base, un dessin, une valeur tonale ou une couleur locale.

LE TON

Il peut aussi bien s'agir d'une couleur solide, uniforme que de plusieurs zones de différentes couleurs en harmonie avec les couleurs ultérieures, car ce ton initial produira forcément un effet sur elles. Imaginez un bleu froid sur lequel on superpose une couche orangée. Si l'orange est appliqué avec des traits légers, éventuellement fondus en une fine couche transparente, le bleu se verra au travers, donnant à l'orange une nuance grise plus froide. Mais si on applique un orange solide par touches fractionnées, le bleu complémentaire ressortira entre les traits orangés, si bien que les couleurs sembleront vibrer. La fusion des couleurs s'opérera de loin mais, vues de près, elles auront l'éclat des couleurs complémentaires qu'on juxtapose.

Si votre pastel est d'une couleur identique à celle qu'il recouvre, un bleu par exemple, il n'en paraîtra que plus bleu.
Quand on travaille sur un papier blanc, de texture rugueuse notamment, les petites taches blanches libres de tout pastel risquent de nuire au résultat final. Un voile de couleur initial aidera à harmoniser le tableau.

LE DESSIN

Les artistes aiment souvent introduire les détails et les contours précis de la composition dans une couche de base. Ils ont ainsi l'esprit libre pour tirer le meilleur parti possible des qualités du pastel tendre, en se consacrant totalement aux couleurs, aux valeurs tonales et aux textures. Des pastels de facture apparemment très spontanée doivent en fait leur impact à une couche de base très travaillée. Une fois que les formes essentielles sont en place, l'artiste peut donner plus d'expressivité à ses traits.

LA VALEUR TONALE

En étendant un voile de couleur sur du papier blanc ou du carton, l'artiste définit un ton de base ou une valeur moyenne qui servira de référence aux valeurs ultérieures. L'un des avantages du pastel, c'est qu'il permet de travailler des tons foncés vers les tons clairs, ou l'inverse, voire alternativement dans un sens et dans l'autre. Il est cependant plus facile de choisir un demi-ton pour déterminer par la suite l'équilibre entre les tons clairs et foncés.

Barbara Hails commence ses pastels par un dessin précis. Elle applique par-dessus une couche de peinture acrylique (à droite), en respectant le tracé du dessin. L'acrylique lui permet d'indiquer les valeurs tonales et les grandes zones de couleur. Dans l'œuvre finale (à gauche), elle est restée fidèle à la composition établie avec la couche de base.

Nombre d'artistes construisent leurs pastels comme des mosaïques de touches fractionnées en multiples couleurs. Il est souvent plus facile de définir sa valeur tonale avec une seule couleur au départ sur le papier. Celle-ci permet d'évaluer la valeur tonale des traits ultérieurs.

Définir des tons foncés avec le pastel n'est pas toujours évident. Souvent les tons dont on a besoin ne sont pas disponibles, et ajouter du noir dans la couleur risque de ternir l'éclat du tableau. L'une des solutions consiste à appliquer d'abord les tons foncés avec une peinture différente.

LA COULEUR LOCALE

Il est possible de rendre la couleur locale, ou vraie couleur du sujet, avec une couche de base; en mettant, par exemple, du bleu à l'endroit du ciel bleu, ou du rouge là où on prévoit de placer une pomme. En introduisant les couleurs avec de la peinture et en les retravaillant ensuite avec un ton identique ou similaire, on obtient des zones de couleur d'une très grande intensité.

LA PEINTURE DE BASE IDÉALE

C'est une question de surface et de préférence personnelle. Les peintures à l'eau donnent d'excellents résultats sur le papier aquarelle épais et sur le contre-collé à l'état naturel. Il est préférable de tendre au préalable les papiers plus légers ou de les enduire de gesso pour éviter qu'ils ne gondolent.

La peinture à l'huile ne fait pas gondoler le papier, mais l'huile elle-même risque de teinter le papier; d'autre part on peut craindre à long terme l'effet des peintures à l'huile et des solvants sur le papier. Par précaution, je vous conseille d'utiliser huile, essence de térébenthine ou autres solvants uniquement sur des surfaces apprêtées.

Dans cette première étape, Fay Moore étend librement des aquarelles et matérialise la structure linéaire de base pour indiquer les formes principales de la composition.

Elle précise les différentes zones avec ses aquarelles. La composition de base est à présent terminée et les valeurs foncées sont indiquées.

Avec ses pastels, elle épure les formes et répartit les couleurs. Elle utilise des pastels Sennelier et Schmincke avec quelques pastels Rembrandt pour les traits plus durs.

Fay Moore, *Compétition acharnée*, 45,7 x 50,8 cm

Certains artistes travaillant sur du papier de verre utilisent une couche de peinture à l'huile ou du pastel dilué dans de l'essence de térébenthine, parce que l'eau risquerait d'endommager la surface du support. Il est conseillé de faire ses propres expériences.

Dans la plupart des cas, il est recommandé d'appliquer la couche de base par touches fines pour que la texture de la surface ne soit pas abîmée par une peinture trop épaisse. L'intensité avec laquelle la couleur initiale transparaît au travers des couches suivantes dépend de sa propre puissance, de la pression des traits au pastel, de leur densité ainsi que de leur dureté. Il est rare que les pastels durs la masquent totalement, elle transparaît en général même à travers plusieurs couches de pastel dur.

Pour que la couche de base reste visible sous des pastels tendres, aux couleurs plus opaques, ayez une touche légère, estompez le pastel, ou évitez les traits trop resserrés.

N'oubliez pas que la couche préliminaire dispense d'au moins une couche de pastel, ce qui n'est pas négligeable quand on sait que la plupart des surfaces ne supportent que quelques couches. En outre les erreurs à ce stade se masquent aisément sous une couche de pastel tendre.

Des traces d'aquarelle restent encore visibles dans le tableau final, notamment dans les zones foncées. Fay Moore aime les tableaux aux textures très variées; il lui arrive d'ajouter des voiles et des éclaboussures d'aquarelle sur un travail au pastel.

Sally Strand étend librement une couche d'aquarelle de base pour colorer son papier aquarelle blanc. Avec un pinceau large, elle indique globalement les couleurs et les valeurs tonales qui se retrouveront dans le tableau final.

Sally Strand, *Rosemarie lisant*, 61 x 76,2 cm

Dans ce tableau construit avec la pâte épaisse des pastels tendres, toute trace d'aquarelle a complètement disparu.

Cette aquarelle préliminaire permet à Sally de déterminer les valeurs tonales de sa composition. Elle introduit à l'arrière-plan un brun chaud qui contraste avec la blouse blanche de la femme.

Sally Strand, *Femme attachant ses cheveux*, 33 x 38 cm

On voit dans le tableau final qu'elle a recouvert presque totalement la couleur originale du personnage, alors que le ton brun initial fournit la couleur de base du fond.

L'impact émotionnel des couleurs

Étape 1: *"Ce pastel a été réalisé sur un panneau de contre-plaqué de 3 mm d'épaisseur, apprêté avec trois couches de gesso acrylique. J'ai ébauché les formes principales avec une peinture acrylique qui influera sur les couleurs ultérieures. J'avais deux préoccupations en tête à ce stade: 1) définir des valeurs qui m'aideraient à visualiser la composition; 2) choisir une couleur chaude pour le fond afin de trancher sur les couleurs plus froides du tableau. J'ai recouvert toute la surface d'un mélange de gel acrylique et de poudre de ponce."*

DOUG DAWSON

"Le choix d'un sujet est purement émotionnel. J'ai envie de comprendre pourquoi le sujet que je désire peindre provoque en moi de tels sentiments. Peindre est une façon d'explorer mon propre comportement affectif face au monde qui m'entoure", dit Doug Dawson.

Afin de mieux se concentrer sur son objectif principal, à savoir l'émotion, Dawson a mis au point une technique simplifiée. Il applique une couche de base qui lui sert à définir ses masses et ses valeurs tonales (voir chapitres 7 et 10), puis avec trois pastels -clair, foncé et intermédiaire- il répartit les formes les plus importantes de la composition, puis les subdivise peu à peu avec l'introduction de nouvelles couleurs et traite ainsi jusqu'aux plus petits détails.
Il se limite à un nombre restreint de couleurs dans chaque tableau. C'est cette répétition des mêmes couleurs qui donne son unité à l'oeuvre.

La rugosité de sa surface abrasive lui permet d'appliquer un pastel épais pour obtenir des couleurs denses et un maximum de contraste. La richesse des couleurs est essentielle à ses tableaux d'une très grande force expressive.

Étape 2: *"J'ai réparti les masses que j'ai fractionnées en zones de plus en plus petites. Ici, les masses peintes à l'acrylique constituent la première étape du processus. Je ne fais que suggérer les détails importants tels que les traits du visage et les fenêtres, et j'introduis quelques touches pour juger de l'effet des couleurs que je souhaite employer par la suite.*

"Définir la couleur du fond et les valeurs tonales constitue un pas important. Je peux ainsi déterminer les couleurs du visage de la jeune fille. Notre perception des couleurs dépend toujours de celles qui leur sont juxtaposées. Si j'avais dû compléter le visage avant de peindre le fond, je n'aurais pas bien pu deviner le résultat final, et les couleurs du visage en auraient sans doute souffert."

Étape 3: *"J'ai développé l'arrière-plan. À ce stade j'ai cherché à établir avec le plus de justesse possible le rapport des valeurs entre les formes principales. J'ai introduit également les nouvelles couleurs destinées aux zones importantes."*

Étape 4: *"On recommande souvent de travailler sur toutes les parties du tableau en même temps, mais ici j'ai fait une entorse à la règle. La réussite du tableau dépendait de la force expressive du visage et de son effet sur les autres couleurs."*

Doug Dawson, *La fille d'Élisabeth*, 93 x 83,8 cm

Étape 5: *"C'est le stade le plus difficile à expliquer aux étudiants. Comment terminer un tableau ? Ici j'ai achevé de subdiviser les masses pour obtenir les formes définitives, leur taille étant déterminée par le visage d'Élisabeth. Toutes les autres formes sont au moins égales à la taille des plus petites formes composant son visage. Élisabeth est ainsi l'élément clé du tableau, le point de mire. Le rose de la couche de base perce ici et là, unifiant le tableau. Il était temps d'introduire les tons clairs. J'ai enfin vérifié la cohésion de l'ensemble."*

Bill James, *Au marché aux puces*, 50,8 x 71 cm

CHAPITRE 4

LES TRAITS
L'architecture des couleurs

Dans la technique du pastel, les traits distincts ne servent pas seulement à colorer la surface, ils fournissent aussi une texture, donnent de la profondeur et du volume, cernent les contours et définissent les détails.

Comme la touche du pinceau, chaque trait au pastel possède son caractère. Il est bref, long, épais, effilé, droit ou ondulé. Il peut être discret ou dynamique, prévisible ou inattendu. C'est une ligne, un point, une tache ou bien un gribouillis.

Le pastelliste doit se constituer un "répertoire" de traits afin de choisir les mieux adaptés aux différentes étapes de sa composition. En usant d'imagination et d'audace, on apprend à développer son propre style et on l'enrichit constamment.

Je conseille aux débutants de s'exercer à faire des séries de lignes, points et signes divers avec des pastels de différents types, formes et tailles tenus de plusieurs façons, et avec une pression plus ou moins forte sur le papier. Regardez ensuite la diversité des marques et effets ainsi obtenus et réfléchissez à la façon d'en tirer le meilleur parti possible dans un tableau.

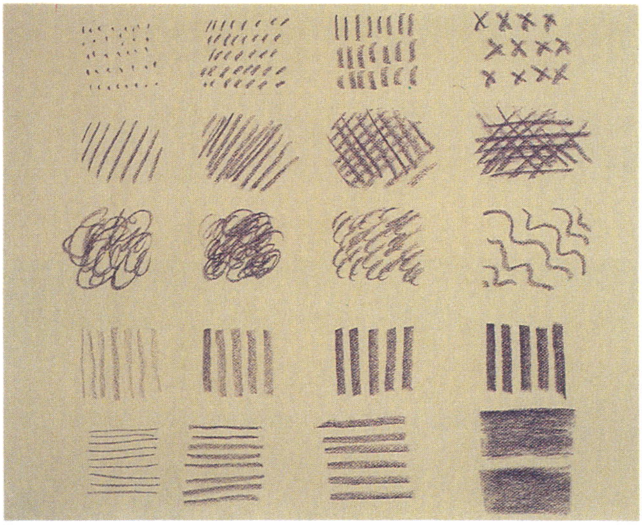

(En haut à gauche) Cet exemple montre comment construire une zone de couleur forte grâce au pointillisme. Notez comme le vert s'enrichit à mesure qu'on y ajoute des touches de vert, de jaune et de bleu. Tous les traits se fondront en une couleur unie dans l'œil de l'observateur.

(En haut à droite) Différents types de hachures. En laissant les traits intacts, on obtient des effets de texture intéressants.

(À gauche) Ces traits ont été exécutés avec le même bâtonnet. J'encourage les débutants à faire l'inventaire de toutes les possibilités offertes par le pastel; ils éviteront ainsi des problèmes en cours de travail.

Elsie Dinsmore Popkin, *Le parc floral de Reynolda — amarantes et tulipes*, 99,7 x 76,2 cm

Elsie Popkin utilise des pastels durs pour colorer la surface du tableau avec des traits imprécis. Puis ses pastels sont de plus en plus tendres et la touche se fait plus précise si bien qu'à la fin c'est une véritable mosaïque de couleurs qui donne naissance à des parterres magnifiques.

LE TRAITEMENT DES LARGES ZONES

Pour colorer efficacement de larges zones, on peut utiliser tout le corps du pastel ou bien procéder par traits fins destinés à se fondre. On peut aussi fragmenter la couleur, et créer ainsi des effets de texture souvent bien plus intéressants qu'un simple aplat de couleur.

Pour colorer, par exemple une zone en vert, prenez plusieurs pastels vert, jaune et bleu. Étendez le vert par petites touches sur la partie concernée, puis faites de même avec le jaune et enfin le bleu. Recommencez l'opération avec le vert, etc. N'estompez pas les traits, contentez-vous d'ajouter de la couleur jusqu'à ce qu'elle ait la densité désirée.

La technique des hachures offre d'autres possibilités. Il existe au moins trois façons différentes de procéder. 1) Tracez une série de lignes parallèles et recommencez par-dessus, et ainsi de suite jusqu'à ce que vous obteniez l'intensité de couleur souhaitée. 2) Tracez des traits droits parallèles, verticaux par exemple, et recouvrez-les de traits horizontaux, puis ceux-ci par des traits obliques, puis d'autres encore orientés différemment. Cette technique traditionnelle permet de créer un motif géométrique, une sorte de trame. 3) Superposez plusieurs séries de traits ou gribouillis. Ce type de hachures anarchiques donnera à votre touche un aspect plus "organique".

Carole Katchen, *L'historien d'art*, 63,5 x 48,3 cm

Bon exemple de la façon dont combiner différents traits dans un même tableau. Le visage, le fond et les ombres sont dus à une touche linéaire. La veste à carreaux est traitée avec des carrés. Les hachures croisées, aux traits verticaux et obliques, donnent son arrondi au chapeau. Créer des motifs avec des traits n'est pas sans risque: les motifs peuvent détourner le tableau de son objectif initial. Pour éviter ce piège, j'ai utilisé différents traits afin qu'aucun motif particulier ne soit dominant.

Simie Maryles, *Ombres du matin, Asheton House*, 53,3 x 48,3 cm

Barbara Geldermann Hails, *La promenade à travers les dunes*, 81,3 x 101,6 cm

Les deux artistes ont rendu l'herbe et les fleurs par des traits verts, jaunes et roses. Toutefois la végétation est bien différente dans les deux tableaux. Simie Maryles a utilisé des traits courts et nerveux pour la verdure et les bâtiments, ce qui procure à son tableau unité et solidité. Barbara Hails a peint l'herbe avec de longs traits duveteux, leur donnant un charme gracieux qui tranche sur le fond sans relief.

LE STYLE DU TABLEAU

Votre tableau sera différent selon la nature de vos traits. Voici quelques conseils sur la manière de parvenir à certains effets:

- Si vous voulez peindre une forme ronde en trois dimensions, sachez que des touches arrondies renforceront cette impression de rondeur, alors que des traits droits aplatiront l'image.
- Pour créer de la profondeur dans le tableau, utilisez des traits forts, bien marqués au premier plan, et des traits adoucis, moins nets au fond. L'illusion d'espace n'en paraîtra que plus forte.
- Les zones baignant dans une lumière très brillante ou recouvertes d'ombres profondes – c'est-à-dire les endroits où les détails ne sont pas très visibles – seront plus crédibles avec des traits moins évidents.
- Pour donner plus de force à un élément censé accrocher le regard, rien de tel qu'une touche vigoureuse entourée de traits plus doux.
- Des traits alambiqués ou des motifs géométriques utilisés sans discernement risquent de donner au tableau un style "décoratif" pas forcément dans vos intentions.
- Si tous les traits sont de la même longueur ou vont dans le même sens, l'aspect mécanique prend le pas sur l'émotion.
- En revanche, de l'anarchie des traits peut naître le chaos. Pour obtenir des textures originales sans nuire à son sujet, il faut à la fois varier la touche et répéter certains traits; cela donne de la cohérence à l'ensemble.
- Enfin, si les traits dominent, le tableau perd de son impact. Étant donné la force expressive du pastel, et surtout des pastels tendres, il est certain que le travail des traits eux-mêmes peut vous absorber au point de nuire au résultat final. Ne vous laissez donc jamais dominer par les traits au détriment de l'ensemble du tableau.

Sidney Hermel, *Horseshoe Bay*, Bermudes, 61 x 76,2 cm

Sidney Hermel a travaillé sur un carton abrasif. Les aspérités de la surface retiennent le pastel, et les traits s'intègrent mieux au tableau sur ce type de support que sur une surface plus lisse.

Introduire la couleur avec les lignes

BILL JAMES

De nombreux artistes utilisent les lignes dans leurs dessins préliminaires, mais Bill James les intègre dans le tableau lui-même. "Ma technique diffère de celle d'autres pastellistes, dit-il, car je ne frotte pas mes pastels pour créer des formes ou de la profondeur; je préfère recourir à une série de traits de couleur pour créer les éléments du dessin."

Cette technique, consistant à tracer des traits distincts sans chercher à les estomper, est essentielle à son style qui privilégie les contrastes entre tonalités chaudes et froides. Au lieu de fondre les traits pour obtenir des nuances, il laisse les couleurs vibrer entre elles. De loin la fusion des traits s'opère dans le regard, mais de près le tableau s'anime d'une pétillante vitalité.

Bill James fait un usage original des couleurs, comme on le voit dans ce tableau. Pour tracer simplement le contour des objets, il choisit des couleurs fortes et lumineuses qui ajouteront de l'éclat au tableau. Ainsi, le violet et le rose qui dessinent le contour du grand vase restent visibles dans l'œuvre achevée. Dans le travail de l'artiste, aucun trait de couleur n'est "gaspillé". La moindre ligne participe à la construction de l'image finale.

Étape 1: *"Je commence par dessiner les principaux éléments en choisissant les couleurs complémentaires de leurs couleurs définitives."*

Étape 2: *"Je m'attaque au fond, afin de pouvoir me rendre mieux compte de la progression du sujet. Avant de finir les vases, je dessine le motif floral et indique les zones d'ombre et de couleurs sur les verres."*

Étape 3: *"Je commence à travailler la couleur des vases. Comme ils seront dans des teintes plutôt chaudes, j'ai dessiné les vases avec des couleurs froides qui sont leurs complémentaires: bleu et vert. Je m'intéresse également à la table."*

Bill James, *Nature morte en bleu et or*, 45,7 x 68,6 cm

Étape 4: *"Je poursuis le travail de la table et enrichis la couleur des verres. Je complète la table et intègre le tapis en bas à gauche du tableau. Je mets quelques touches finales à tous les éléments, et pour donner vie au sujet je renforce les couleurs complémentaires."*

Couches sur couches

Diana Randolph a réalisé son tableau d'après cette photo qui lui a servi de référence pour la répartition des masses, les valeurs tonales et la texture. Elle s'est efforcée de retrouver l'intensité des couleurs naturelles.

Étape 1: *Elle répartit les masses dans sa composition. Elle peint sur du papier de verre avec des pastels NuPastel utilisés à plat pour obtenir de larges traits. Ici, les valeurs tonales l'intéressent plus que les couleurs.*

DIANA RANDOLPH

Contrairement à Bill James, qui s'en tient à une seule couche de pastel, Diana Randolph construit ses tableaux lentement, couche après couche. Après la couche de base, elle recourt à une profusion de traits qu'elle n'estompe pas et qui créent une image vigoureuse.

Puisant son inspiration dans la campagne boisée de l'Etat du Wisconsin, elle réinterprète la nature à sa manière.

Diana Randolph commence ses tableaux en ébauchant ses masses avec de larges traits de pastels NuPastel, qu'elle mélange ensuite avec de l'essence de térébenthine ou un autre solvant. Elle s'attaque ensuite aux nombreuses couches qui donnent corps à ses tableaux.

Elle procède par hachures croisées imprécises, laissant apparaître la couche de base entre les traits. Ces couches successives de pastel, appliquées sans souci de précision excessive, engendrent pourtant des tableaux très expressifs dans lesquels la texture joue un rôle essentiel. La couleur finale s'enrichit grâce aux tons successifs patiemment appliqués.

Étape 2: *Elle trempe un pinceau dans un diluant inodore et l'applique sur chaque couleur, créant des voiles veloutés qui teintent le papier. Elle nettoie son pinceau entre chaque couleur.*

Étape 3: *Une fois que la peinture a séché, elle renforce les couleurs avec des traits linéaires de NuPastel, sans chercher la précision. Elle intensifie les zones les plus foncées avec d'autres couches de couleur. Elle veut des tons foncés très prononcés, sachant qu'ils seront atténués par les couches ultérieures.*

Étape 4: *Elle se concentre à présent sur les demi-tons. Elle ajoute des traits d'un vert moyen sur une grande partie de la surface. En permettant aux zones de couleur de se chevaucher, elle parvient à une parfaite harmonie de tons.*

Étape 5: *Gardant en main ses NuPastel, elle s'intéresse maintenant aux valeurs claires. Elle mélange les traits bleus, jaunes et verts pour créer un vert d'ensemble beaucoup plus vivant. La texture de l'herbe, peu rigoureuse dans le trait, donne une impression aérienne de mouvement.*

Diana Randolph, *Champ d'or*, 40,6 x 55,9 cm

Étape 6: *Avec des pastels tendres Rembrandt et Sennelier, elle se concentre sur les fleurs sauvages et la texture des herbes, introduisant des touches vives qui ressortent parmi les autres couleurs. Les traits au premier plan, plus précis qu'à l'arrière-plan, donnent de la profondeur.*

Détail: *Ce détail révèle la très riche variété des traits de couleur qui, en se fondant, restituent un paysage.*

Diana Randolph, *Allée ensoleillée*, 30,5 x 40,6 cm

Remarquez les différents traits utilisés dans ce tableau. Chacun d'eux sert un objectif précis: petites touches vives pour les fleurs; traits linéaires fins pour les herbes; traits plus épais pour les branches des arbres; traits horizontaux pour rendre la surface plane du chemin; traits imprécis pour le ciel dans le lointain.

Richard Pionk, *Lauriers de montagne*, 48,3 x 73,7 cm

CHAPITRE 5

LA FUSION DES COULEURS
Le velouté final

L'un des avantages propres aux pastels, c'est la facilité avec laquelle leurs pigments se mélangent. Tracez un trait de couleur, frottez-le avec le doigt, une estompe ou un pinceau, et sa forme change.

Lorsqu'on les frotte doucement, les couleurs s'interpénètrent comme par magie, effaçant toutes frontières entre elles. Il ne faut cependant pas abuser du procédé, car les lignes, les formes, les couleurs et les valeurs tonales s'estompent au détriment de l'éclat et de la force expressive du tableau.

LES OUTILS

Pour fondre les traits de pastel, il suffit de frotter le pigment sur la surface avec les doigts, un chiffon, une serviette en papier, un pinceau, une estompe, un tampon de coton ou un autre pastel en bâtonnet. La quantité de pastel retiré varie avec l'instrument utilisé. Il vous faudra procéder avec beaucoup de soin pour arriver au ton exact que vous souhaitez. Sinon après un dernier coup de chiffon pour enlever la poussière de pastel, vous risquez de découvrir qu'il ne reste presque plus de couleur sur votre support.

Mes doigts sont mes meilleurs outils. Le pastel pénètre sans problème dans les fibres du papier, ne laissant que très peu de pigment sur la peau, et le contact direct avec les matériaux permet de maîtriser parfaitement son travail. Malheureusement certains pastels contiennent des produits toxiques qui peuvent être absorbés par la peau. Il n'y a pas, à ma connaissance, de solution idéale. J'évite donc de toucher avec les doigts les couleurs toxiques, comme celles à base de cadmium, et je me lave régulièrement les mains en cours de travail.

Pour retirer une grande quantité de pigment de la surface, j'utilise un chiffon ou une serviette en papier. Mais je me méfie des pinceaux qui ont tendance à enlever trop de couleur, surtout les brosses à poils durs. Les estompes et les tampons de coton sont pratiques pour les petites zones mais, en se chargeant de la couleur estompée, ils risquent de salir d'autres couleurs.

On peut aussi fondre les couleurs avec d'autres traits de pastel. L'emploi d'un pastel dur sur une couche de pastel tendre est efficace. Des traits denses et resserrés donneront l'impression d'une couleur unie.

Il est également possible de mélanger les couleurs avec un liquide qui agit sur le pigment. Par exemple, pour supprimer des traits trop marqués en un endroit, "peignez" par-dessus avec de l'eau ou un solvant. Les pastels mouillés ont tendance à foncer et leur

Mary Morrison, *Le dernier train*, 75 x 101,6 cm

Les murs et le quai sont traités avec une grande diversité de couleurs, mais les pigments semblent se fondre tout naturellement. L'artiste obtient cet effet en appliquant d'abord les pastels tendres, puis en les recouvrant de pastels plus durs, ce qui facilite la fusion des couleurs. Elle procède par mouvements circulaires afin d'éviter les traits distincts.

texture se modifie définitivement. Variez la touche et la quantité de liquide pour comparer les effets obtenus. Le papier risquant de gondoler, il est préférable de réserver ce procédé aux papiers épais ou aux papiers et cartons apprêtés, et surtout pour la couche de base.

Deborah Deichler, *Bill mangeant une pastèque*, 66 x 48,3 cm

Le mélange des couleurs permet de rendre les carnations avec fluidité. Les couleurs se fondent aisément des zones d'ombres vers celles qui sont éclairées. L'artiste parvient à cet effet en mêlant les traits avec un petit pinceau souple pour aquarelle ou avec ses doigts.

CONSIDÉRATIONS PARTICULIÈRES

Lorsque vous prévoyez un mélange de couleurs pour une zone précise, simplifiez-vous la tâche en suivant une technique adaptée. Les pastels tendres se fondent plus facilement que les pastels durs. Pour couvrir une large surface bien lisse, utilisez votre craie sur toute sa longueur. La pression exercée sur l'instrument est également importante. Les traits extrêmement légers ne demandent qu'à disparaître, alors que les traits épais et lourds sont parfois difficiles à estomper tant ils pénètrent le grain du papier.

Comme les mélanges de couleurs atténuent toujours leur éclat, le meilleur moyen d'obtenir des couleurs intenses est de multiplier les couches de traits fondus. Appliquez le pastel, estompez-le, enlevez la poudre en excès et répétez l'opération jusqu'à ce qu'apparaisse la couleur désirée. Il est parfois utile de vaporiser un peu de fixatif entre chaque couche.

Certains artistes évitent de fondre les couleurs par crainte de les salir. Mais cela dépend de la façon dont on combine ses couleurs. En mélangeant des bleus différents par exemple, on obtient des ciels d'une couleur intense.

Le mélange des couleurs complémentaires donne toujours des tons rompus tirant sur le gris, qui fournissent un contrepoint indispensable aux couleurs pures et intenses du tableau. Mélanger une couleur, quelle qu'elle soit, avec des bruns ou du noir, risque de tuer la couleur originale.

D'autre part, le mélange des couleurs se fait au détriment de la texture, du contour et du trait. Pour compenser cet affadissement du tableau, il peut s'avérer nécessaire d'intensifier les couleurs ou les contrastes de valeur tonale, ou bien d'ajouter quelques traits qui redonneront de l'impact au sujet traité.

On peut mélanger les couleurs sur toute la surface du tableau pour créer un effet velouté homogène, ou bien uniquement à certains endroits précis pour contraster avec des traits audacieux bien visibles. S'il n'est pas indispensable de fondre les couleurs pour réussir un tableau, cette technique demeure un des atouts du pastel qu'on aurait tort de négliger.

Richard Pionk, *Oranges et livres*, 33 x 45,7 cm

Les tableaux de Richard Pionk combinent touches distinctes et touches fondues. On note, par exemple, dans les quartiers d'orange et sur le petit récipient bleu la présence de traits non retouchés. L'artiste a obtenu des zones de couleurs veloutées en frottant le pastel sur sa longueur. La bouteille aux rondeurs estompées avec les doigts semble se fondre dans l'arrière-plan.

Diana Randolph ébauche ses principales zones de couleur au pastel.

Elle mélange les pigments avec un diluant appliqué avec un pinceau plat en soie. Les couleurs ainsi fondues forment sa couche de base.

Diana Randolph, *Prairie tachetée*, 40,6 x 55,9 cm

Dans le tableau final la couche de base transparaît par des tons imprécis et de minuscules éclats de couleurs.

QUAND MÉLANGER LES COULEURS

• Chaque fois que des traits ou une texture trop marqués risquent de nuire au tableau.
• Pour obtenir une texture aux couleurs soyeuses, même sur un papier grené.
• Pour donner plus de réalisme aux contours d'un objet ou pour éliminer les frontières entre les couleurs.
• Lorsqu'une couleur trop forte nécessite d'être atténuée pour ne pas écraser les autres.
• Pour renforcer l'illusion de la profondeur, en estompant les détails et les contours éloignés, par contraste avec la précision des objets proches.
• Pour obtenir des ombres réalistes, en unifiant ainsi leurs couleurs et en laissant les bords baver sur les couleurs voisines.
• Pour rendre avec une certaine douceur le relief d'un visage ou la profondeur d'un paysage lointain, en permettant aux couleurs de s'interpénétrer.
• Pour renforcer l'effet d'une impression réaliste sur une surface lisse.

Christian Heckscher, *Hollywood 101,*
104,1 x 78,7 cm

Voulant exprimer l' "énergie cinétique" du sud de la Californie, cet artiste belge combine un dessin précis avec des couleurs mélangées qui donnent du velouté et de la solidité à l'image, et il ajoute des collages (fil, tissu ou métal) pour créer un contraste.

Peindre avec les doigts

CHRISTIAN HECKSCHER

Lorsque le Belge Christian Heckscher est venu s'installer à Los Angeles, il a été impressionné par le bleu intense du ciel de la Californie qui s'étend à perte de vue. Pour rendre ces ciels si fascinants -un des principaux thèmes de ses peintures d'Outre-Atlantique- il lui fallait une technique adaptée à des étendues de couleur douce et profonde. Il applique plusieurs couches de pastel en frottant chaque fois le pigment avec ses doigts pour le faire pénétrer dans les fibres du papier.

Pour traiter la légèreté des nuages, une seule couche de pastel suffit, mais dans les parties plus foncées, la superposition des couleurs s'impose: du bleu, du gris, du bleu-gris et du violet. Dans certaines zones, il préserve le blanc du papier, intensifiant même la clarté avec du pastel blanc.

Christian Heckscher combine le réalisme photographique de sa peinture avec l'abstraction du collage. Lorsque le travail pictural proprement dit est achevé, il ajoute du fil, du papier, du tissu ou du métal, et quelques traits de pastel. Ce sont ces accents inattendus qui, à son avis, rendent le mieux compte de l'énergie cinétique du sud de la Californie.

Étape 1: *L'artiste travaille à plat pour que la poudre de pastel ne salisse pas le papier blanc. Il dessine d'abord le sujet au crayon Conté noir. Il protège les parties destinées à rester blanches avec des petits morceaux de papier. Puis, il travaille chaque zone successivement, en commençant en général par le haut. Il vaporise du fixatif sur la zone achevée avant de passer à la suivante.*

Étape 2: *Le ciel est fini, il s'attaque à la mer. Pour rendre le bleu intense, il applique de nombreuses couches par mouvements circulaires, en mélangeant les couleurs.*

Les formes triangulaires viennent donner une note abstraite à sa vision réaliste. La tache blanche en haut, délimite l'emplacement d'un collage ultérieur.

Remarquez les craies et la gomme soigneusement posées sur une feuille de papier au bas du tableau. Comme il travaille à plat, il pose son bras sur un appui en verre pour ne pas salir le tableau.

Étape 3: *Il introduit ensuite les immeubles et la végétation sur le front de mer, en progressant des tons clairs vers les plus foncés. Il mélange les couleurs avec les doigts, et attend que les formes principales soient terminées pour ajouter les détails par-dessus. Pour préserver les contours nets, il mélange ses couleurs le long d'une règle plate.*

Étape 4: *À ce stade, il ajoute le sable, les détails de la plage, et l'herbe au premier plan.*

Étape 5: *Il lui reste à s'attaquer à la route et au parking en traçant de légers traits gris au pastel pour l'asphalte.*

Étape 6: *Il mélange les traits de pastel avec les doigts pour unifier le ton. Il répète ce procédé -application de la couleur et estompage- plusieurs fois pour parvenir à l'intensité de couleur souhaitée.*

Christian Heckscher, *Santa Monica Bay*, 95,2 x 172,7 cm

Étape 7: *Le tableau terminé comporte une note abstraite due au collage et aux traits de pastel arbitrairement rajoutés.*

Christian Heckscher, *Un dimanche agréable*, 78,7 x 104 cm

Les immensités bleues sont omniprésentes dans les tableaux californiens de cet artiste. Il parvient à ces bleus intenses en accumulant la touche et en mélangeant les couleurs, bleus, gris et violets. Une ou deux couches suffisent à rendre la clarté bleu ciel de l'horizon. En haut du tableau, là où le bleu du ciel est le plus profond, l'artiste superpose au moins six couches de pigment.

Deborah Deichler, *Un ami vu de dos*, 77 x 75,6 cm

CHAPITRE 6

LA DERNIÈRE TOUCHE
Détails et contours

En général, il n'y a guère de réponses simples aux problèmes de création, mais quand il s'agit de traiter les détails précis dans une œuvre au pastel, la solution est réellement simple: réalisez un dessin soigneux en veillant à ce que le bout de votre pastel reste bien aiguisé. Les crayons pastel, les Nu-Pastel et autres pastels durs s'aiguisent facilement avec une lame ou du papier de verre. On traite ainsi les détails fins avec une grande facilité.

LES DETAILS: DEUX APPROCHES POSSIBLES

Il y a deux approches possibles pour le rendu des détails. La première consiste à indiquer les détails principaux dans le dessin initial ou la couche de base et à les travailler à chaque étape du tableau. La seconde approche privilégie les formes au départ pour finir avec les détails.

Si on accorde la priorité aux détails, le dessin initial doit être extrêmement fouillé, rien ne doit être laissé au hasard. Il est nécessaire de planifier son travail et de posséder une bonne maîtrise de la technique. Utilisez de préférence des pastels durs afin que les contours sous-jacents ne soient ni cachés ni déformés. Il est souvent indispensable de renforcer les détails, voire de les redessiner, en cours de travail.

La seconde approche, plus souple, laisse plus de place à la spontanéité. On commence par délimiter les masses, puis on retravaille petit à petit les contours et on s'attaque aux formes plus modestes. Quand tous les éléments ont été définis, il ne reste plus qu'à introduire les tout petits détails.

En prévoyant les détails de la composition, pensez au degré de dureté de vos pastels. Si vous choisissez des crayons pastel ou des pastels durs aiguisés pour dessiner les détails, évitez au préalable les couches épaisses de pastel tendre; le pastel dur a en effet bien du mal à adhérer sur un pigment trop tendre. L'usage du fixatif risque de modifier la texture et la valeur des couleurs. Les pastels tendres, aiguisés, permettent également de traiter les détails fins, mais la pointe s'émousse vite.

CONTOURS DURS ET ESTOMPÉS

La façon la plus facile d'obtenir un bord marqué, c'est de dessiner un seul contour bien net et de remplir de couleur la forme ainsi délimitée. Pour des lignes ultra-fines, utilisez un crayon pastel ou un pastel dur en bâtonnet au bout aiguisé, et tracez vos traits contre le bord d'une règle plate.

On obtient le même résultat avec un papier découpé. Imaginons que vous ayez à peindre un bâtiment aux lignes bien nettes au premier plan d'un tableau. Découpez un morceau de papier (assez rigide) à la forme négative du bâtiment. Maintenez-le en place tandis que vous peignez.

Pour obtenir des contours adoucis, estompez perpendiculairement aux bords ou recouvrez les contours avec des traits au pastel dur de sens différents.

Comment choisir entre les contours durs ou estompés ? Si vous voulez donner l'illusion du relief, il vous faut des bords plus marqués au premier plan, là où l'œil saisit mieux les détails. Au contraire, plus

Jody dePew McLeane, *Serveurs au travail*, 38 x 45,7 cm

Les détails sont uniquement suggérés, sans qu'il y ait toutefois d'ambiguïté.

les objets sont éloignés, moins leurs contours sont précis.

Il en va de même pour les petites formes en trois dimensions: les zones les plus proches de l'observateur doivent être les plus nettes. Si vous dessinez un cercle plat, soulignez-en la circonférence d'un trait distinct. Et pour que le même rond paraisse aussi réel qu'un ballon, estompez les bords.

Les lois concernant la profondeur s'appliquent aussi aux détails. Les détails proches se voient avec précision et peuvent donc être traités avec une grande exactitude, mais à mesure qu'ils s'éloignent de l'observateur, ils deviennent de plus en plus flous jusqu'à disparaître.

L'omniprésence de contours durs et de détails dans un tableau tend à niveler l'image. Il est conseillé de ne pas en abuser ou bien de briser les contours afin de permettre à certaines couleurs de s'interpénétrer. Pour indiquer des bords sans recourir au moindre contour, on juxtapose simplement les couleurs. Le contraste entre les deux tons crée naturellement une ligne à la jonction des formes.

Les bords durs servent également à souligner. Si le tableau est construit essentiellement avec des couleurs mélangées, les quelques endroits incluant des bords distincts attirent inévitablement le regard.

Le pastel vous permet de traiter les contours et les détails de façon aussi précise ou aussi vague que vous le désirez. Apprenez à user arbitrairement de ce choix, vos tableaux n'en seront que plus intéressants.

Christian Heckscher, *Jour de vent,* 61 x 78,7 cm

L'artiste obtient les contours nets et fins des bâtiments en dessinant ou en mélangeant ses couleurs le long d'une règle plate (ou un papier découpé). Il la place sur l'extérieur du motif, peint et vaporise du fixatif sur la zone traitée.

Sidney Hermel, *Piazza San Marco,* 45,7 x 76,2 cm

Au premier regard le tableau semble saturé de détails, mais en regardant de plus près, on s'aperçoit que la touche vivante de l'artiste ne fait que les suggérer.

Richard Pionk, *Pêches*, 27,9 x 30,5 cm

Richard Pionk combine les contours durs et estompés pour créer l'illusion de l'espace. Les contours et les détails proches de l'observateur sont dessinés avec précision, contrairement aux autres qui se fondent dans l'arrière-plan.

Edith Neff, *La gare de marchandises de Cumberland*, 69,8 x 81,3 cm

Le ciel, le bâtiment et le feuillage reflètent le lyrisme de la touche curviligne et des hachures croisées d'Edith Neff. Mais la netteté des détails du dessin au fusain restent bien visibles.

Le traitement minutieux des détails

JANE LUND

Jane Lund se passionne pour les détails. Ses natures mortes et ses personnages montrent un souci minutieux du détail qui va bien au-delà du simple réalisme. Jane travaille près d'un an sur le même tableau, accumulant les traits minuscules.

"Je construis mon tableau lentement, explique-t-elle, en appliquant les premières couleurs avec des pastels tendres Rembrandt, que je mélange ensuite avec des NuPastel durs. Je passe beaucoup de temps à aiguiser mes pastels avec un couteau X-Acto pour traiter les détails délicats. Comme je n'emploie pas de fixatif, le pastel garde toute sa douceur. Un examen attentif de mes tableaux révèle les mondes gigognes que je vois en chaque objet."

Jane Lund travaille sur le motif pour pouvoir comparer constamment sa peinture avec le modèle. Chaque partie est-elle fidèle au sujet ? Les différents éléments sont-ils équilibrés entre eux ? Il ne suffit pas de peindre tous les plus petits détails, il faut qu'ils participent à l'unité du tableau.

Étape 1: *Jane Lund exécute d'abord une série de petits croquis, puis agrandit celui qu'elle préfère pour déterminer sa composition et l'échelle du tableau. Elle transfère ensuite son dessin sur du papier pastel, en utilisant un pastel bleu de cobalt très léger. Elle retravaille le dessin avec le bleu de cobalt et une gomme malléable. Les lignes bleues restent bien visibles à mesure qu'elle progresse dans son travail.*

Étape 2: *Jane peint sur un support vertical, zone par zone, en général de haut en bas pour éviter que la poudre de pastel ne salisse son travail, et de gauche à droite afin de laisser de la place à l'appui-main sur laquelle elle s'appuie pour dessiner.*

L'appui-main en bois qui soutient sa main se termine par un bout en caoutchouc.

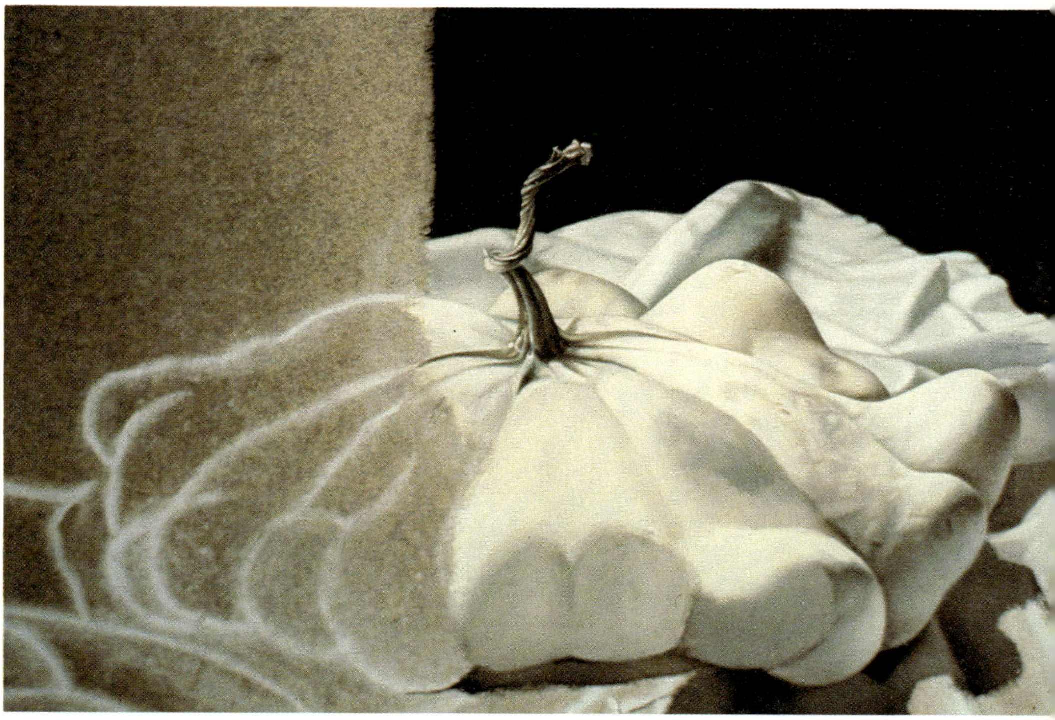

Ces détails en gros plan montrent le rendu d'un objet. Dans les premières étapes, Jane introduit toutes les informations qui lui sont visuellement fournies. L'image ainsi créée est en général d'une intensité trop crue, aussi l'adoucit-elle avec un "glacis" de minuscules touches qui unifient les détails.

Étape 3: *Après avoir achevé la courge et le pot, elle s'attaque aux œufs et à la cruche. Elle voulait peindre rapidement la courge et les œufs pour qu'ils ne s'abîment pas en cours de travail.*

Cette photo de la table de travail de Jane montre une partie de son matériel. Le couteau X-Acto sert à aiguiser les pastels. Elle change souvent de lame. L'étrange objet en forme de poire au milieu de la table lui sert à éliminer la poudre des pastels qui se sont effrités.

Jane Lund, *Nature morte en blanc*,
77,5 x 74,3 cm

Étape 4: *Elle poursuit son travail, zone par zone, jusqu'à la fin. En dépit de ces approches successives, le tableau final offre une belle unité grâce au traitement minutieux des détails durant tout le processus.*

Deborah Deichler, *Vision immaculée*, 66 x 48,3 cm

CHAPITRE 7

LES VALEURS TONALES

Les fondations du tableau

Du fait de l'intensité des couleurs des pastels, les valeurs tonales sont parfois négligées; elles constituent pourtant les fondements indispensables aux couleurs et aux textures. Sans valeur tonale que reste-t-il pour donner une structure au tableau ?

Par valeurs, j'entends, naturellement, les rapports entre les tons clairs, foncés et intermédiaires, ou demi-tons. Chaque pastel se définit à la fois par sa couleur et sa valeur. La maîtrise des valeurs permet de créer des compositions saisissantes. Outre la répartition des couleurs, toute peinture doit également se distinguer par la puissance des clairs-obscurs.

DEUX APPROCHES DIFFÉRENTES POUR DÉFINIR SES VALEURS

La méthode classique consiste à séparer valeurs et couleurs pour s'intéresser d'abord aux premières. Avec un pastel foncé ou une couche de base monochrome, définissez l'emplacement des valeurs claires et foncées et des demi-tons.

Commencez ensuite à introduire la couleur locale. Vaporisez éventuellement un fixatif sur la couche initiale des valeurs tonales si vous ne souhaitez pas les mélanger avec les couleurs ultérieures.

Si vous peignez, par exemple, un visage, vous pouvez rendre les contours et les plans, les ombres et les rehauts avec un ton brun de base. Lorsque ce visage monochrome prend vie, ajoutez les couleurs locales: des ocres et des rouges pour la peau, des violets et des verts pour les ombres, etc.

Dans la seconde méthode on peint directement avec les couleurs, en tenant compte à la fois des valeurs tonales et des couleurs. Doug Dawson simplifie cette approche en utilisant au départ quelques couleurs de valeurs différentes. Il s'agit souvent d'un ton clair, d'un ton moyen et d'un ton foncé. Il divise sa composition en larges zones de valeur avec ces couleurs, et fragmente progressivement le tableau en zones de plus en plus petites à mesure qu'il ajoute d'autres couleurs. Il s'efforce constamment de respecter l'équilibre des valeurs.

Une ou deux couches de pastel suffisent à certains artistes pour définir couleurs et valeurs. Cette technique exige une bonne organisation. Des études préliminaires - photos, croquis et esquisses- vous aideront à peindre le tableau final.

RÔLE DES VALEURS

Les valeurs ne servent pas seulement à construire la composition. Voici quelques-unes de leurs fonctions.

Profondeur. Les contrastes de valeur s'affaiblissent à mesure que les objets s'éloignent. Dans un paysage, les contrastes les plus marqués figurent au premier plan; les ombres et les objets très foncés ou très clairs sont en général devant. Avec la distance, les objets ont tendance à prendre une nuance grise.

Centre d'intérêt. Dans une zone à prédominance sombre, une tache claire attire automatiquement le regard, et vice versa.

Deborah Deichler, *Dorinne assise près du miroir,* 48,3 x 66 cm

L'intérêt du tableau repose en grande partie sur le fort contraste des ombres et de la lumière dû à une source lumineuse unique. La composition doit son charme à la distribution des gris et des tons clairs et foncés.

Sidney Hermel, *La Taverne de Pete*, 61 x 91,4 cm

Sidney Hermel développe ses tableaux à partir d'études exécutées sur le vif. Ses deux études de valeur l'ont aidé à définir l'ensemble des valeurs tonales de sa composition.

Lumière. La lumière dépend de l'emplacement des tons clairs et foncés, ainsi que de leur intensité. Pour montrer une source lumineuse venant de la droite, peignez tous les rehauts sur le côté droit des objets et les ombres à gauche. Pour rendre tout l'éclat de la lumière du soleil, choisissez des valeurs tonales claires et quelques ombres très denses. La nuit demande des tons foncés avec des taches de couleur créant des contrastes marqués.

Intensité. Les tonalités contrastées renforcent l'intensité d'un tableau. Pour décrire quelqu'un d'ennuyeux, on parle de personnalité terne, de vie sans éclat ni mystère. Il en va de même en peinture. Les contrastes de valeur ajoutent de l'intérêt à l'oeuvre.

LE CHOIX DU PAPIER

La grande variété des couleurs, des valeurs et des textures du papier vendu dans le commerce réjouit les pastellistes. Noirs, blancs ou de couleur, tous les papiers conviennent au pastel. J'ai personnellement plus de facilité à me représenter les différentes valeurs de ma composition sur un papier demi-teinte. Cela me permet également de peindre directement avec des pastels plus clairs ou plus foncés.

J'utilise en général un papier de couleur en harmonie avec les couleurs dominantes de la composition, ou de couleur complémentaire. Si vous n'avez encore jamais travaillé sur un papier noir, faites un essai. Sur le fond noir, chaque trait de pastel atteint une luminosité maximum. Ce contraste n'est pas facile à maîtriser au début, mais avec de la pratique, il donne lieu à des effets d'une merveilleuse intensité.

Bill James travaille d'après photos en couleur ou diapositives; mais avant toute étude de couleur, il détaille les valeurs tonales dans un ou deux croquis au crayon. Dans ces deux études il analyse la distribution des ombres sur le visage et le rapport entre les carnations claires et l'eau sombre.

Bill James, *Bryan dans l'étang*, 86,4 x 101,6 cm

Étape 1: *Doug Dawson trace des lignes de fuite qui lui servent de repères pour l'horizon et la perspective. Il ébauche ensuite les formes les plus foncées. "Les valeurs tonales sont les éléments les plus importants, dit-il. Si vous les maîtrisez bien, vous pouvez presque tout vous permettre avec les couleurs."*

Étape 2: *Il utilise du rouge et du vert en demi-tons. À ce stade, il s'intéresse uniquement aux formes générales et aux valeurs.*

Étape 3: *Il comble les espaces réservés aux valeurs claires avec du jaune et du bleu clair. Il donne aussi plus de corps aux formes foncées.*

Doug Dawson, *Près de Times Square*, 83,8 x 88,9 cm

Étape 4: *L'artiste termine le tableau en retravaillant les formes, les valeurs et les couleurs définies au début, tout en préservant l'équilibre général des valeurs. Estimant le tableau trop sombre, il ajoute un reflet de lumière à gauche.*

Richard Pionk, *Vase persan et douce-amère*, 38 x 38 cm

Les valeurs de cette nature morte vont des tons très clairs aux très foncés. Les tons clairs, faciles à obtenir, sont dus à des pastels tendres. La difficulté commence avec les tons foncés: la gamme est limitée et les pastels foncés sont plus durs, donc moins opaques. L'artiste a résolu le problème en peignant des zones très sombres lors de l'application de sa couche de base et en ajoutant par-dessus quelques touches de pastel.

ÉTUDES DE VALEUR

Les études préliminaires aident à répartir les valeurs dans le tableau. Lorsque vous observez une scène ou un personnage, réduisez l'image à ses valeurs tonales. Exécutez une petite étude avec un crayon, un fusain, un lavis d'encre, ou juste une couleur (aquarelle ou pastel). Ce genre d'étude vous permet de mieux définir votre composition et vous sert également de guide par la suite.

Prévoyez dès le départ l'emplacement de vos tons clairs et foncés les plus intenses. Avec le pastel, il est facile de rectifier en cours de travail des erreurs portant sur les demi-tons, mais bien plus difficile de masquer des rehauts brillants ou des noirs profonds. Le mieux est de vaporiser un fixatif sur la zone concernée.

Il existe trois façons d'apprécier la justesse des contrastes de valeur: en prenant une photo en noir et blanc du tableau terminé; en examinant le tableau à travers une feuille de cellophane rouge, ce qui donne l'équivalent d'une image en noir et blanc; ou en plissant les yeux pour réduire l'intensité de la couleur perçue.

La gamme des pastels clairs disponibles dans le commerce est très vaste; les pastels tendres donnent souvent des traits opaques somptueux. Au contraire, les pastels foncés sont en général assez durs (il est donc plus difficile d'obtenir une couleur dense) et le choix des couleurs en est plus restreint. C'est pourquoi certains artistes fabriquent leurs propres pastels (voir chapitre 2). On peut aussi introduire ses tons foncés avec une couche de base et ajouter par-dessus du pastel. Une troisième possibilité consiste à travailler sur un papier très foncé. Dans ce cas, il vous faudra recourir à de nombreuses couches de couleur avant d'obtenir vos tons clairs, mais la douceur des pastels clairs vous simplifiera la tâche.

Contrastes de valeur intenses

DEBORAH DEICHLER

Deborah Deichler travaille avec méthode; elle élabore lentement ses tableaux réalistes pour atteindre un haut degré de perfection. Chaque tableau est précédé d'une étude minutieuse du sujet. Elle se familiarise avec son modèle et ses accessoires avant de peindre. La réalisation de *Dorinne et le sautoir de perles* (page suivante) a nécessité au préalable cinq séances avec le modèle. Elle a exécuté toute une série de croquis et pris une centaine de photos pour explorer différentes poses et disposer de détails en gros plan. Après plusieurs mois, elle s'est senti assez "habitée" par son sujet pour le peindre.

Deborah choisit un papier d'excellente qualité, souvent du Roma, un papier pur chiffon de Fabriano, qui existe en plusieurs couleurs. Elle exécute d'abord un simple dessin dans lequel elle indique la silhouette du personnage, les ombres, les détails importants et les principales valeurs tonales. Elle commence par les pastels durs, n'utilisant les pastels tendres qu'au dernier moment.

Lorsque son dessin préliminaire est achevé, elle travaille ses valeurs tonales dans la gamme des gris. Cette approche consistant à introduire des tons neutres avant d'ajouter les couleurs locales s'inspire directement d'une technique traditionnelle de la peinture à l'huile.

Elle mélange continuellement ses pastels, s'efforçant de faire pénétrer les pigments dans les fibres du papier pour que la couleur préserve un beau velouté de surface. Dans ses peintures au pastel, elle masque complètement la texture du papier, alors que dans ses dessins au pastel d' inspiration plus libre, elle exploite le grain du papier.

Deborah Deichler, *Kate allongée*, 58,4 x 78,7 cm

L'artiste construit son tableau par petites touches soigneusement fondues. La surface lisse lui permet de se consacrer à la texture du sujet. Les tons contrastés servent ici à attirer le regard sur Kate.

Étape 1: *Pour peindre* Dorinne et le sautoir de perles, *Deborah commence par un dessin gris foncé avant d'introduire les tons foncés avec des fusains tendres et moyennement durs, pour la distribution des ombres et des lumières. La valeur la plus foncée est destinée à la robe de velours noir et la plus claire aux carnations.*

Étape 2: *L'artiste use avec parcimonie de la couleur. Elle procède par hachures croisées rapides avec des NuPastel et quelques pastels tendres. La chevelure et la robe sont traitées avec un NuPastel noir dense. Une palette limitée souligne parfois la force des valeurs tonales.*

Étape 3: *Le hauteur du paravent, dans le fond, est rabaissée afin d'attirer le regard vers le centre de la composition. L'opposition des tons, perçue presque comme un contraste noir/blanc, place le sujet dans une lumière théâtrale.*

Étape 4: *Elle éclaircit les carnations avec des crayons pastel crémeux et fonce l'arrière-plan pour augmenter l'effet de contraste.*

Deborah Deichler, *Dorinne et le sautoir de perles*, 48,3 x 63,5 cm

Étape 5: *Les rehauts blancs sur le collier de perles sont obtenus avec un pastel tendre aiguisé. L'artiste accentue la couleur sombre des cheveux, de la robe et des ombres environnantes pour l'effet de contraste. Une intensité mystérieuse se dégage du portrait terminé.*

Simie Maryles, *Coucher de soleil,* 48,3 x 48,3

CHAPITRE 8

LA LUMIÈRE
Pour illuminer votre vision

L'absence de lumière prive de la vue et un éclat trop intense éblouit. Entre ces deux extrêmes, mille effets de lumière inspirent l'artiste et lui donnent l'occasion de prouver son talent.

Le jeu des ombres et des lumières obéit à des lois strictes, car la lumière se propage en ligne droite. Si la lumière vient de la gauche, les rehauts sont à gauche et les ombres à droite. Cela devient plus complexes lorsque la lumière est diffuse ou réfléchie dans une autre direction, ou quand il y a plusieurs sources lumineuses. Il faut souvent des années de pratique pour rendre la lumière avec exactitude.

RAPPORT CHAUD/FROID

Chaque source de lumière projette un halo chaud ou froid. Selon l'éclairage, un papier blanc peut prendre une teinte chaude presque jaune, ou une teinte froide bleutée.

La nuance des ombres portées dépend naturellement de l'éclat de la source de lumière, mais elle se définit par contrastes. C'est-à-dire que si votre tableau baigne dans une lumière chaude, les zones d'ombres doivent avoir une tonalité froide, et inversement. Certains pastellistes se simplifient la tâche en situant les couleurs chaudes d'un côté du tableau et les couleurs froides de l'autre. Ainsi ils parviennent plus facilement à maintenir une cohérence dans le tableau et leur traitement de la lumière n'en paraît que plus crédible.

Robert Frank, *Lumière du matin*, 53,3 x 78,7 cm

Les contrastes des zones d'ombres soulignent la présence de la lumière du soleil dans le paysage. Ce sont les jeux d'ombres et de rehauts qui définissent la lumière; les deux éléments sont indissoeiables.

Sally Strand, *Séchage au soleil*,
71 x 102,9 cm

Sally résout les problèmes de lumière et de mouvement en privilégiant les formes créées par les valeurs tonales. Si les couleurs sont importantes (les bleus et roses tendres sont très jolis), ce sont les valeurs tonales, et particulièrement les rehauts lumineux, qui rendent la lumière du soleil.

Sally Strand, *Hommes en blanc III*,
71 x 107,9 cm

Sally adore les blancs éclatants. En fait les rehauts ne sont jamais peints avec un blanc pur, mais avec des couleurs très claires: ici des bleus et des violets.

Tony Ortega, *La Calle Angosta*, 71 x 101,6 cm

Tony Ortega a simplifié la distribution des ombres et des lumières qui sont à la base de sa composition. Il a divisé ses couleurs en tons chauds pour les zones éclairées par le soleil, et en tons froids pour les ombres.

Barbara Geldermann Hails, *Vue de la grille*, 61 x 76,2 cm

La surface réfléchissante de la neige est rendue par le contraste des zones très lumineuses et des ombres profondes. L'artiste n'utilise jamais de blanc, de noir ou de gris purs. Elle les suggère en combinant les touches de plusieurs couleurs de la valeur adéquate; c'est le cas des tons jaune clair et lavande qui traduisent l'éclat de la neige au soleil.

RENDRE LE VOLUME

La lumière joue un rôle déterminant dans la représentation du volume. Ainsi, c'est grâce au changement graduel de la valeur tonale et de la couleur qu'on peut suggérer un objet arrondi. Le pastel est un outil précieux en l'occurrence, car il permet de fondre des touches claires et des touches foncées sans frontière visible. Les objets prennent alors des rondeurs lisses dans l'espace.

Pour rendre les surfaces planes, appliquez une couleur ou une valeur uniforme de façon bien régulière.

Dans les zones éclairées les détails tendent à être plus clairs, et dans les zones foncées ils sont plus sombres, ce qui autorise des traits moins précis ou un estompage au doigt ou au pinceau.

COHÉRENCE

Pour rendre avec réalisme la lumière naturelle, il faut avant tout être cohérent. Si vous commencez le tableau avec une lumière venant de gauche, respectez ce sens. Si vous choisissez au départ une lumière chaude et des ombres froides, utilisez des couleurs chaudes pour les rehauts et des couleurs froides pour les ombres dans toute la composition.

Lorsque vous peignez un paysage sous un soleil de fin d'après-midi -un soleil bas à l'horizon qui projette des ombres longues et foncées- assurez-vous que tous les objets du tableau projettent les mêmes ombres.

La meilleure façon d'apprendre à peindre la lumière, c'est d'observer sa présence et ses effets dans la nature. Prenez le temps d'observer les différences de lumière au point du jour et à midi, en plein soleil dehors ou dans une pièce sombre éclairée à la bougie. Notez les jeux d'ombres et de lumière. La lumière elle-même deviendra sujet de vos tableaux.

Donner de l'éclat au quotidien

SALLY STRAND

La lumière est l'essence même de l'art de Sally Strand. Les gens et les situations ordinaires deviennent extraordinaires grâce à sa brillante maîtrise des ombres et des lumières. Ses personnages vivent, comme elle, dans le sud de la Californie; elle les peint dans leurs loisirs: au jardin, sur la plage ou les terrains de boule. Le soleil de plomb au-dessus de leur tête autorise des contrastes de tons audacieux, de fascinantes combinaisons de couleurs, de formes et de valeurs.

Sally travaille d'après des photos et des croquis de sujets similaires. Ce qui l'intéresse, c'est de saisir le mouvement dans l'instant.

Elle introduit progressivement ses couleurs claires et foncées. Elle n'utilise jamais de blanc pour les rehauts les plus lumineux, préférant combiner quelques touches de ses couleurs les plus claires; le résultat paraît blanc par contraste avec les valeurs foncées alentour.

Pour les tons foncés, elle commence souvent par des traits au fusain, puis elle active les ombres avec des touches de couleur sur le noir. Pour obtenir des tons foncés moins intenses, elle recourt à une couche de base foncée ou tout simplement à des touches de plusieurs couleurs foncées.

Les détails sont importants dans la mesure où ils permettent de définir la situation. Ils sont rarement traités avec précision, mis à part les rehauts lumineux dont les accents animent la composition.

Étape 1: *"J'utilise un papier Arches aquarelle pressé à froid, agrafé sur un support de contre-plaqué, dit Sally. Je m'appuie sur un dessin préliminaire au fusain que je fixe.*
"J'étends à l'aquarelle une couche de base avec une brosse plate de 8 cm de large. Je pense en termes de zones de valeur et de couleurs chaudes ou froides -les tons froids sous le mur chaud et une ombre chaude sur les personnages et au premier plan."

Étape 2: *Sally définit à présent ses principales valeurs tonales. Elle sait qu'elle risque de nuire à son sujet avec une surface trop uniformément claire, aussi compare-t-elle sans cesse ses tons avec l'endroit le plus clair du tableau. Elle rabaisse les valeurs tonales du fond pour permettre aux tons les plus clairs de ressortir nettement. Elle vaporise du fixatif sur ses couleurs.*

Étape 3: *Elle équilibre les formes entre elles, travaillant quelque peu les détails. En renforçant les contrastes, elle s'efforce de préserver harmonieusement la séparation entre les zones claires et foncées. Elle accumule la touche sur les ombres, laissant visible par endroits la couche d'aquarelle, comme dans la chemise de l'homme où transparaît un voile chaud à travers les bleus froids et les violets. Elle fixe à nouveau ses couleurs.*

Sally Strand, *Les Nouvelles du matin*, 50,8 x 68,9 cm

Étape 4: *Sally rajoute des détails, corrige, juge de l'effet d'ensemble. Elle vaporise une dernière fois du fixatif avant d'introduire les rehauts. Les tons les plus clairs étant destinés au chapeau de l'homme, Sally prend soin de minimiser les autres rehauts. C'est cet équilibre constant entre les valeurs et les couleurs qui rend crédible la lumière dans laquelle baignent ses tableaux.*

Remplir les paysages de lumière

Étape 1: *La composition est d'abord peinte à l'acrylique. L'artiste utilise des couleurs légèrement plus foncées que les tons définitifs. Les pastels clairs n'en paraîtront que plus lumineux par contraste.*

Étape 2: *Elle travaille de gauche à droite et de haut en bas pour ne pas salir les pastels, terminant chaque zone avant de passer à la suivante. Elle joue sur les tonalités chaudes et froides ainsi que sur les valeurs pour distinguer les ombres et les lumières. Par exemple, les jaunes et les verts de tonalité chaude dans les arbres ensoleillés, à gauche, et les bleus et les verts froids sur les arbres dans l'ombre, à droite.*

BARBARA GELDERMANN HAILS

Plus que des champs, des arbres, des étangs ou des rivières, Barbara Geldermann voit dans la nature un jeu de la lumière sur des surfaces. La lumière est un défi pour les peintres, et c'est ce qui fait de son art une passion. Le secret de la luminosité réside, à ses yeux, dans le chevauchement de petites touches de couleurs multiples.

Elle commence par un dessin très soigneux qu'elle reproduit sur un contre-collé à surface abrasive, puis recourt à une couche de peinture de base qui détaille l'ensemble des formes, des couleurs et des valeurs tonales de la composition. La rugosité du contre-collé permet de retenir jusqu'à six couches de pigment. Elle dispose ses pastels en fonction de leur valeur tonale, et n'utilise ni blanc, ni noir ni aucun gris vendu dans le commerce.

Elle a une technique tout à fait personnelle pour rendre l'éclat du soleil qui tranche sur les ombres. Elle applique d'abord un ton lumineux (ou d'une valeur légèrement plus foncée que le ton définitif) sur la zone concernée. Elle superpose ensuite un pigment plus clair, en laissant toutefois apparaître le bord de la première couleur près de l'ombre. Une troisième couleur vient recouvrir la précédente en laissant également une frange visible. On a ainsi l'impression d'une lumière naturelle de plus en plus éclatante. Cette utilisation des couleurs crée des paysages réalistes extrêmement lumineux.

Étape 3: *Elle s'attaque à l'eau en bas à gauche, ajoutant du vert pour les reflets froids du feuillage. Les traits de pastel horizontaux rendent compte de la surface plane du canal.*

Barbara Geldermann Hails, *L'Écluse*, 81,3 x 101,6 cm

Étape 4: *Le tableau s'achève avec le chemin à droite. On remarque les taches de soleil sur le sol. L'artiste tient compte du fait que, même par temps variable, la lumière envahit les zones ombragées.*

Ce détail montre les premières couches de pastel sur le chemin. Barbara utilise un orangé chaud pour les zones claires et un bleu froid pour les ombres. Ces valeurs seront éclaircies avec des couleurs moins foncées.

La couleur du chemin a maintenant changé, mais la couche de base enrichit toujours la valeur tonale et la "température" de la couleur. Barbara prend soin d'éviter les bords durs entre les zones claires et foncées, utilisant des demi-tons pour opérer la transition en douceur.

Tony Ortega, *Los Musicos*, 101,6 x 71 cm

CHAPITRE 9

LES COULEURS
Un arc-en-ciel au bout des doigts

Lorsque j'entends le mot "pastel", la première image qui me vient à l'esprit est celle d'un assortiment de craies de toutes les couleurs, un véritable arc-en-ciel ! Les magasins spécialisés dans le matériel artistique semblent regorger de couleurs inépuisables. Pourtant, quand je suis en train de peindre un tableau, il arrive toujours un moment où je ne peux trouver la couleur précise dont j'ai besoin. C'est à la façon dont ils surmontent ce paradoxe qu'on voit les bons pastellistes.

Pour obtenir le ton souhaité, il faut donc mélanger ses couleurs en faisant preuve d'imagination. Mais contrairement aux peintures liquides qui peuvent se combiner sur la palette, les pastels se mélangent sur le tableau même. Les mélanges se font par superposition de couleurs différentes, ou par juxtaposition de traits ou de points qui se fondent d'eux-mêmes dans l'œil de l'observateur ou que l'on mélange sur la surface.

Robert Frank, *La Chaleur de l'hiver*, 53,3 x 73,7 cm

La réalisation d'un tableau commence avec la sélection des pastels. Les pigments retenus déterminent la couleur finale, puisqu'on ne peut changer les couleurs en les mélangeant sur la palette ou en les diluant. Robert Frank préfère les tons doux propres aux pastels traditionnels, ponctués de quelques jaunes intenses et de quelques tonalités foncées pour les contrastes.

LE MÉLANGE DES COULEURS

Chaque fois que vous superposez deux traits de pastels de couleurs différentes, elles se mélangent. Les mélanges les plus somptueux s'obtiennent en utilisant un pastel dur ou moyennement dur pour la dernière couche, car ils ont sur le papier une couleur moins dense que les pastels tendres. Si vous utilisez un pastel très tendre sur un pastel dur les couleurs se mêleront à peine, l'opacité du pastel tendre masquant presque totalement la couleur précédente.

Si vous mélangez les couleurs avec le doigt ou une estompe, superposez deux ou plusieurs couleurs, ou juxtaposez-les. En les mêlant, vous obtiendrez un ton fondu velouté. (Il se peut que des traits de pastel dur trop appuyés transparaissent néanmoins.)

Pour obtenir un mélange visuel, appliquez des traits de couleurs différentes côte à côte. Avec la distance, les traits semblent se fondre pour donner la couleur souhaitée.

Jody dePew McLeane, *Femme devant un bar*, 50,8 x 61 cm

Pour Jody, la couleur sert à montrer des émotions, une atmosphère, un centre d'intérêt, et un mouvement. Elle laisse les couleurs intenses se mélanger visuellement pour ajouter de l'intérêt au tableau. Le regard est ici attiré par le visage de la femme aux traits rouges et orangés vigoureux. Mais les accents de jaune sur les bouteilles et dans le fond accrochent aussi le regard.

SIMPLIFIER SA PALETTE

Ceux qui connaissent mal les vertus du pastel ont tendance à utiliser trop de couleurs à la fois. L'une des meilleures façons de parvenir à une harmonie, c'est de sélectionner dès le départ quelques couleurs qui suffiront pour le tableau.

Pourquoi ne pas commencer par trois couleurs de valeurs différentes ? Exercez-vous à l'aide de croquis abstraits à trouver des combinaisons plaisantes. Intéressez-vous ensuite à la distribution des valeurs en utilisant les trois couleurs sur toute la surface du tableau.

Introduisez d'autres couleurs avec clairvoyance. Une surabondance de couleurs conduit au chaos visuel. En ajoutant une nouvelle couleur dans le tableau, recherchez les endroits où l'utiliser pour renforcer l'harmonie de l'ensemble.

Simie Maryles, *Les chaussures neuves,* 35,6 x 30,5 cm

L'artiste a simplifié la combinaison des couleurs en choisissant une dominante bleue (à tonalité froide) dans le fond pour contrebalancer le blanc et les jaunes chauds sur l'enfant.

Sally Strand, *Hommes en blanc* IV, 105,4 x 71 cm

Sally a utilisé une solide couche de base d'un brun chaud comme contrepoint aux rehauts plus froids. Les bleus (pour suggérer le blanc) n'en paraissent que plus clairs et plus lumineux sur le brun. Elle utilise la technique du frottis, c'est-à-dire qu'elle "frotte" légèrement la texture du papier avec sa craie, laissant la couleur de base transparaître par endroits.

LES FONDS COLORÉS

Les artistes qui utilisent un papier ou un carton colorés constatent que la couleur du support influence les autres couleurs. Ainsi, une touche bleue n'a pas le même impact sur un papier gris que sur un papier brun. Associer des couleurs aux tonalités opposées (un bleu froid sur un brun chaud) renforce leur nuance respective et engendre un effet de contraste vibrant.

Appliquez les mêmes couleurs sur différents papiers colorés et observez le changement apparent des pigments selon les fonds.

En préparant son support, Robert Frank ajoute une teinte à son apprêt. "Le support teinté sert de couche de base, dit-il. Il pénètre les ombres, les objets et la lumière atmosphérique. Toute couleur appliquée sur ce ton omniprésent voit sa valeur ou sa tonalité, froide ou chaude, modifiée. Par exemple l'application d'un ton ocre vert froid semblera bien plus froid sur un papier rougeâtre à tonalité chaude que sur un papier bleu ou vert à tonalité froide.

"Sans une pratique constante l'œil ne saurait reconnaître ces effets. La question de la tonalité des couleurs constitue probablement la leçon la plus importante et la plus difficile à assimiler quand on peint au pastel."

Sidney Hermel, *L'Avenue*, 76,2 x 61 cm

"En traitant le fond de façon abstraite et simplifiée et en utilisant des couleurs riches au premier plan avec, par endroits, des taches de couleur complémentaire, je suis parvenu à rendre l'agitation propre à la ville, ses mouvements et ses lumières."

Sidney Hermel, *Kim's Market,* 61 x 76,2 cm

Sidney crée de la profondeur sous la banne d'un jaune brillant avec d'habiles touches sombres. Des traits verticaux, dynamiques et lumineux permettent de rendre sans ambiguïté possible la foule en mouvement.

Simie Maryles, *Atwood Lane sous la neige au soleil,* 39,4 x 35,6 cm

Simie recourt à des valeurs foncées très intenses pour contrebalancer l'éclat de la neige.

LES COULEURS COMPLÉMENTAIRES

Si un fond complémentaire renforce la tonalité chaude ou froide d'un ton, il sert également à griser ou neutraliser une couleur. Par exemple, pour peindre une prairie, vous utiliserez un vert pur éclatant dans le premier plan; pour suggérer la profondeur, il vous faudra ensuite un vert grisâtre, plus terne. Vous introduirez alors quelques touches rouges dans le vert au loin. Et pour en tirer l'effet maximum, vous mélangerez les traits avec le doigt ou une estompe.

Des touches complémentaires juxtaposées sans être mélangées produisent un effet différent. Les couleurs semblent vibrer ou jaillir les unes des autres. L'effet est encore plus fort avec des couleurs de la même intensité. De loin, les touches peuvent se fondre en une couleur grisâtre, mais de près chaque couleur dynamise la surface.

COULEURS CLAIRES, COULEURS FONCÉES

De nombreux artistes s'interdisent l'emploi du blanc et du noir purs, car ils n'ont pas la richesse des autres couleurs. Il est facile de renoncer au blanc étant donné les multiples et somptueux pastels très clairs dont on dispose: des verts, des roses, des lavande placés à côté de valeurs foncées paraissent blancs, tout en ayant un impact plus fort.

Les tons foncés sont moins évidents à obtenir, car il est beaucoup plus difficile de trouver des pastels tendres de valeur très foncée, le noir mis à part. Je recours souvent à des hachures croisées d'un rouge et d'un vert profonds pour avoir mes valeurs les plus sombres. Certains artistes combinent les traits noirs et les traits de couleur. On peut aussi fabriquer soi-même ses pastels foncés (voir chapitre 2).

La force de la couleur

Étude de couleur à l'acrylique et au pastel. L'étude et le tableau ont été réalisés d'après photos, dessins sur le motif et une bonne observation.

Étape 1: *"Je commence toujours par une esquisse très libre, ici à l'acrylique, qui me sert à placer les éléments et à définir la composition. De cette façon, je peux donner corps à mes idées sans m'y enfermer."*

Étape 2: *"J'ai appliqué cette couche de base à l'acrylique, car je recherche un éclat rouge chaud. L'acrylique garde son aspect et ne se mélange pas avec le pastel au risque de le salir."*

SIMIE MARYLES

Vus de loin les tableaux de Simie Maryles montrent des images solides et harmonieuses, mais de près ils se fragmentent en une multitude de taches de couleurs distinctes, d'inspiration impressionniste.

Simie Maryles aime le pastel pour cette liberté avec laquelle elle peut utiliser les couleurs. "Pendant huit ans, j'ai fait des portraits au pastel pour gagner ma vie, dit-elle. Pour plaire au goût des acheteurs, je peignais en camaïeu avec une touche resserrée.

"La première fois que j'ai peint un paysage en extérieur, ce fut une expérience merveilleuse. J'étais libre d'exagérer le trait et de forcer la couleur sans que personne vienne me dire: 'il y a quelque chose qui ne va pas avec la bouche' ".

Simie travaille en général sur du carton chiffon pour illustration; elle peut utiliser sans crainte une couche de base acrylique, ainsi qu'une couche de poudre de ponce collée avec un fixatif. Son support favori est le carton Rising. Sa surface relativement lisse permet au pastel de bien glisser, et la résistance du carton supporte de nombreuses corrections.

Elle explique ainsi son choix des surfaces blanches: "La technique traditionnelle consiste à travailler sur une surface en demi-teinte. Je préfère le blanc, car il donne aux couleurs un éclat maximum."

Simie Maryles peint surtout avec des pastels Rembrandt, quelques pastels Sennelier et Lefranc & Bourgeois, et à l'occasion des NuPastel, cassés et utilisés sur toute leur longueur.

Bien que ses ciels aient une intensité saisissante, la plupart de ses sujets sont plus ordinaires: paysages floraux, chemins couverts de neige, maisons typiques de la Nouvelle-Angleterre ou auberges de campagne. C'est sa façon de fragmenter la scène en touches de couleurs étincelantes qui rend ses tableaux intéressants.

Étape 3: *Le tableau prend forme. Simie Maryles travaille avec les pastels, appliquant des couleurs plus froides sur les rouges et les roses de la couche de base, en utilisant ses pastels sur toute leur longueur à travers la surface glissante. Le rouge de base unifie le tableau et participe au contraste.*

Étape 4: *"Je retravaille à présent les zones et les centres d'intérêt, explique Simie. J'ai foncé le tableau avec un spray. (J'utilise parfois un fixatif, mais jamais dans l'étape finale.) À ce stade, je travaille parfois par ajout et retrait - une zone trop retravaillée devenant surchargée; le plus simple est d'effacer pour recommencer. Il faut choisir ce qu'on doit souligner."*

Simie Maryles, *Ciels d'automne: coucher de soleil sur Alden Street,* 61 x 91,4 cm

Étape 5: *"J'ajoute des détails, des branches aux arbres, des touches dans l'herbe. Il est intéressant de comparer la petite étude initiale (en haut de la page 94) et le tableau fini. La première est plus spontanée et directe, l'autre beaucoup plus grand et bien plus abouti."*

Doug Dawson, *La forêt de Berthoud*, 83,8 x 100,3 cm

CHAPITRE 10

LA COMPOSITION
Unifier tous les éléments

Vous aurez beau créer des couleurs superbes, des textures intéressantes, des traits essentiels, et des valeurs tonales intenses, si votre composition n'est pas équilibrée, cela ne servira à rien. Aussi forts soient-ils indépendamment, les éléments doivent avant tout s'harmoniser entre eux. Une bonne composition combine le mouvement et l'équilibre. Le dessin doit être intéressant et plaisant à regarder.

Ce schéma montre comment le tableau de Barbara Hails se structure sur une division très simple de l'espace. La composition de base se réduit à trois triangles. Quelle que soit la complexité finale d'un paysage, il doit être construit sur un dessin simple.

LES LIGNES OU LES FORMES

Comme le pastel relève aussi bien du dessin que de la peinture, on peut approcher la composition de deux façons différentes. La première consiste à tracer tous les contours du dessin, puis à répartir les valeurs et couleurs aux emplacements adéquats.

Le seconde méthode boude les lignes pour s'intéresser exclusivement aux formes. Au lieu de saisir l'objet par ses contours, on apprend à voir et à dessiner ses formes abstraites. Au début le tableau peut se ramener à trois ou quatre formes principales, qui se fractionneront en d'autres formes plus petites à mesure que le tableau progresse.

Les deux méthodes se combinent. J'aime commencer mes tableaux par un dessin rapide. Je m'y réfère ensuite pour ébaucher mes formes principales, sans me soucier de l'exactitude des contours. En cours de travail, j'épure mes formes et mes lignes selon les besoins.

Barbara Geldermann Hails, *Haies d'azalées*, 61 x 76,2 cm

ÉTUDES DE COMPOSITION

Les études préliminaires sont particulièrement utiles quand on peint au pastel. Prévoir les formes, les valeurs et les couleurs évite de trop retravailler son tableau.

ÉLÉMENTS DE LA COMPOSITION À DÉTERMINER

- Quelle structure de base ? Une forme géométrique, un triangle par exemple, tenant compte des formes principales ou des éléments clés du tableau aidera à unifier l'ensemble de l'oeuvre.
- Où placer le(s) centre(s) d'intérêt(s) ? Un centre d'intérêt unique attire le regard; un second le promène à travers le tableau. Les centres d'intérêt devraient être déterminés autant par leurs formes abstraites que par le sujet. En les prévoyant, on est mieux à même de les mettre en valeur par des couleurs, des textures et des valeurs contrastées.
- Comment équilibrer les tons clairs et foncés dans la composition ? Le regroupement des tons foncés dans une même zone crée une impression d'écrasement; le regroupement des tons clairs détourne le regard du reste du tableau. Des ajustements peuvent s'opérer en cours de travail, mais des changements de valeur trop importants risquent de poser des problèmes.
- Comment organiser ses couleurs ? Une surabondance de couleurs risque d'engendrer la confusion. Prévoir ses couleurs permet d'atteindre un plus grand impact avec une économie de moyen.
- Comment fractionner les zones principales ? Quel que soit le sujet, chaque zone d'un tableau doit présenter un intérêt visuel. Les larges zones sans relief peuvent créer des endroits morts. De subtils changements de couleur et de valeur remédieront à ce problème.

Bill James, *Les abords de Leesburg*, 86,4 x 81,3 cm

Il est préférable de ramener le dessin à quelques formes principales, surtout dans un paysage comportant une profusion de formes et de détails minuscules. C'est ce qu'a fait Bill dans cette étude préliminaire. Après avoir placé ses principales valeurs tonales, il a pu se consacrer à la couleur et à la texture.

Édith Neff, *Un Sens d'absence*,
62,2 x 81,3 cm

La plupart des sujets architecturaux montrent les bâtiments en entier. Dans cette composition inhabituelle, Edith Neff n'a retenu qu'une partie de la structure, se concentrant plus sur les détails que sur l'immeuble dans son ensemble.

Doug Dawson, *La Paroisse de Denver*,
50,8 x 55,9 cm

Doug Dawson rejette l'approche "album de coloriage", c'est-à-dire la méthode consistant à tracer les contours puis à colorier l'intérieur du sujet. Il évite autant que possible les lignes, et divise sa surface en quatre zones principales: le ciel, le fond, les maisons et le premier plan.

Laisser évoluer la composition

MARY MORRISON

Lorsque Mary Morrison est à la recherche d'un sujet, elle pense en termes de volume et de masse. Il lui faut un sujet neutre qui lui permette de se concentrer sur les formes brutes. "Je ne peins pas des objets, dit-elle, mais des plans de couleur qui forment une œuvre d'art unifiée. Les espaces négatifs ont autant de poids que les formes positives."

En cours de travail, l'artiste modifie certains objets ou les élimine complètement sans se soucier de la composition originale. C'est le tableau qui importe en lui-même, non le sujet.

Elle accumule les touches de pastel, retravaillant sans cesse formes et valeurs. Elle vaporise du fixatif après chaque couche pour travailler librement par-dessus avec une nouvelle couleur.

Elle applique la couleur en créant des formes continues. Elle mélange rarement les traits à la main, préférant utiliser des pastels durs sur des pastels tendres. Elle commence avec des pastels Schmincke et travaille par-dessus avec les couleurs plus dures de Grumbacher en les étalant par mouvements circulaires afin de resserrer les traits au maximum.

Le mélange des couleurs n'empêche pas le papier ou l'acrylique de base d'apparaître par endroits. Elle n'aime pas la façon dont "le pastel se fond dans le papier" lorsqu'on mélange les touches à la main. Sa technique permet au pigment de rester en surface pour que les couleurs chatoient.

"J'ai choisi le pastel essentiellement pour la qualité réfléchissante de ses pigments", explique-t-elle. Chaque tableau est l'occasion d'explorer la composition en permettant au dessin d'évoluer jusqu'à la fin.

Étape 1: *L'artiste travaille sur du papier Arches épais et rugueux. Elle ébauche le tableau avec une fine couche de peinture acrylique en se concentrant sur la distribution des valeurs, avec peu de couleurs. "Ceci étant terminé, j'ai été très satisfaite du dynamisme de la composition", dit-elle.*

Étape 2: *"Puis j'ai travaillé sur la couche acrylique avec les pastels, continuant de définir les éléments de la composition. La couleur prend ici beaucoup d'importance; j'ai introduit des nuances plus chaudes sur les boîtes en haut. La partie droite du tableau restait encore intacte, mais j'avais l'intention de prolonger la composition de ce côté."*

Étape 3: *"J'ai décidé d'apporter une modification majeure au premier plan de la composition. Les formes dans la moitié inférieure étaient trop massives. J'ai donc enlevé le pastel avec une brosse dure. Le papier aquarelle épais résiste aux nombreux changements. J'ai vaporisé du fixatif sur la zone concernée et retravaillé la forme de la boîte au premier plan."*

Étape 4: *J'ai modifié les petites boîtes en haut du tableau, car elles ne me satisfaisaient pas. Je voulais plus de mouvement, de formes en cascade dans la composition. Mais le résultat laissait encore à désirer. Le bâtiment dans le fond s'intégrait mal. En fait, tous les changements apportés à ce stade ont encore dû être modifiés."*

Étape 5: *"Pour finir, j'ai changé à nouveau les petites boîtes en haut, et j'ai ajouté à leur gauche une large forme foncée. La composition de l'arrière-plan a été modifiée, et l'ouverture d'une fenêtre a créé un lien avec le premier plan. Les mauvaises herbes et la zone au premier plan m'ont permis d'ajouter des couleurs intenses, un orange éclatant et un rouge clair. Maintenant les formes s'intègrent naturellement dans la composition."*

Mary Morrison, *Boîtes,* 71 x 96,5 cm

Les aplats de couleur

TONY ORTEGA

“Mon oeuvre est autobiographique, dit Tony Ortega. J’ai grandi à Pecos, un petit bourg de l’État du Nouveau-Mexique. J’ai été élevé par ma grand-mère qui était d’origine mexicaine et j’ai baigné dans cette culture. Lorsque je suis devenu artiste, mes souvenirs d’enfance ont nourri ma peinture.”

Tony Ortega s’inspire des scènes de son environnement quotidien ou de ses voyages. Mais il accorde la primauté à la richesse émotionnelle des couleurs, qui sont souvent le fruit de son imagination. Il ramène les personnages, les objets et les ombres à des aplats de couleur agencés de façon intéressante. Non seulement il simplifie chaque forme, mais il élimine toutes celles qui ne sont pas indispensables au dessin.

Son travail se passe en deux temps: le dessin et la peinture. Les problèmes liés au dessin concernent le choix d’une image, la composition et le tracé des formes sur le papier. Le travail pictural porte sur les formes, les valeurs et les couleurs.

Il s’appuie sur des photos, des dessins sur le vif, ou sur son imagination, combinant parfois les trois dans un même sujet. Il dessine d’abord la composition sur un brouillon, puis affine son dessin sur du papier-calque avant de le transférer sur du papier pour pastel. Cela lui permet de retravailler la composition sans abîmer la surface définitive.

L’artiste a réalisé son tableau d’après photo. Il a emprunté les formes de base à cette scène de rue et a investi l’image avec ses propres teintes, exprimant ainsi la “couleur” du groupe en y mêlant sa culture de citadin mexicain.

Etape 1: *Il ébauche d’abord les formes géométriques de base avec un crayon pastel, sur le côté texturé du papier pastel.*

Étape 2: *Utilisant ses pastels sur toute leur longueur, il donne à chaque forme sa couleur locale. Il recherche dès le départ la couleur finale, tout en prévoyant des ajustements de valeur et de tonalité (chaude ou froide). Il comble en premier les formes les plus grandes et ajoute des taches de brun pour situer l’emplacement des personnages.*

Étape 3: *Il continue d'ajouter de la couleur. Le papier est à présent presque entièrement recouvert. En choisissant ses couleurs, il tient toujours compte de la valeur, de la source de lumière, de la taille et de la tonalité chaude ou froide de chaque forme.*

Tony Ortega, *Scène de rue*, 48,3 x 68,9 cm

Étape 4: *Des ajustements de valeur et de tonalité sont encore nécessaires par endroits. Pour ce faire, Tony ajoute des traits rapides du bout de ses pastels, ou en les utilisant sur toute leur longueur.*

Madlyn-Ann Woolwich, *Jardin de rocaille*, 55,9 x 71 cm

CHAPITRE 11

L'EMPLACEMENT
Où peindre et comment

Le pastel se prête aussi bien à la peinture en atelier qu'en extérieur, aux œuvres d'après nature ou aux études. Cette souplesse est l'un de ses plus grands charmes.

Pour ma part, j'aime peindre en atelier, près de ma boîte de pastels et de mon stock de papier. Je ne peins donc d'après nature que dans la mesure où je peux faire entrer mon sujet dans mon atelier – un modèle, une composition florale ou une nature morte.

Autrefois je peignais en extérieur. Je me rappelle m'être un jour installée sur la scène de l'Orchestre symphonique de Denver, lors d'une répétition, mon papier et mes pastels étalés entre violoncelles et contrebasses. Le tableau fut réussi, mais au prix de quel inconfort ! Par la suite, j'ai préféré réaliser des études à l'aquarelle sur le motif et les exploiter au pastel dans mon atelier.

Plus courageuse que moi, Elsie Dinsmore Popkin peint régulièrement à l'extérieur. Elle transporte pratiquement tout son atelier avec elle au cœur des paysages qu'elle peint.

Quand on travaille exclusivement en atelier, le matériel de référence est essentiel. On peut peindre d'après nature, esquisses, photos, mémoire, imagination ou en combinant plusieurs de ces possibilités. Les références utilisées influencent énormément l'aspect final du tableau.

Les artistes qui exécutent des esquisses sur le vif ont tendance à peindre librement, en se fiant dans une large mesure aux informations simplifiées qu'ils notent dans leurs croquis rapides ou leur mémoire. Ceux qui travaillent d'après photos peuvent être plus fidèles, puisqu'ils s'appuient sur des images détaillées.

Les artistes qui aiment le défi que représente la transposition d'un sujet en trois dimensions en une image en deux dimensions privilégient la méthode classique en peignant d'après nature. Peindre face au sujet véritable est un excellent moyen de développer son acuité visuelle.

Quelle que soit la méthode choisie pour satisfaire votre passion, le pastel ne vous trahira jamais.

Voici le matériel qu'Elsie Popkin ne craint pas d'emporter avec elle dans les jardins et les bois magnifiques qu'elle adore peindre. (Ceux qui sont tentés par l'aventure pourront profiter de ses conseils page suivante.)

"En guise de carton à dessin, j'utilise une plaque d'Isorel, car c'est un matériel léger, solide et dans lequel les épingles s'enfoncent facilement. J'utilise des épingles extra-longues (1,50 cm) à cause du vent. Je recouvre le côté le plus lisse de l'Isorel avec du papier kraft épais pour éliminer la texture. Je fais deux trous distants de cinq centimètres à chaque extrémité, à environ 1 cm du bord. Les deux cordes que je passe dans les trous vont me servir de courroies pour transporter mon matériel sur le dos lorsque je me rends à mon emplacement."

"Au moindre souffle de vent, je stabilise mon chevalet en enfonçant ses pieds dans le trou central d'une brique."

"Une fois sur place, je fixe l'Isorel sur le chevalet en enroulant un sandow autour du pied arrière et en rattachant ses extrémités aux courroies de chaque côté de l'Isorel."

"Je place mes coffres sur un caddy si je dois marcher pour rejoindre mon emplacement."

"Je range mes pastels dans des mallettes de joaillier que je me suis procurées à New York. Il vaut mieux avoir deux petites mallettes qu'une grande, car une fois remplies, elles pèsent lourd. Je garnis le fond de mousse. Pour pouvoir les mettre l'une sur l'autre, je place entre les deux un morceau de polystyrène isolant en prévoyant un trou au milieu pour la poignée."

L'atelier de Richard Pionk. Les éléments de la nature morte qu'il est en train de peindre sont disposés à gauche. La cloison de bois fournit un fond sombre et ne laisse passer qu'une source de lumière venant d'en haut. Sur l'étagère inférieure se trouve un assortiment d'objets réunis pour des tableaux ultérieurs. Il y a 500 à 600 pastels sur la table.

L'artiste au travail. "Travaillez de préférence debout, conseille-t-il, à une longueur de bras de votre support. Reculez pour juger votre travail le plus souvent possible."

Sidney Hermel, *Marché aux légumes*, 55,9 x 76,2 cm

Tableau réalisé en atelier d'après des études sur le vif.

L'atelier en extérieur

ELSIE DINSMORE POPKIN

"Jusqu'en 1982 j'ai peint presque exclusivement des personnages, en utilisant des modèles nus ou habillés. Puis j'ai été invitée à participer à une exposition avec des peintres de paysages. C'est ainsi que ma passion pour la nature a commencé. Après toutes ces années passées à imaginer des poses et des accessoires pour mes modèles en atelier, ce fut une vraie joie d'explorer la nature à la recherche de compositions. Les jeux d'ombres et de lumière qu'on observe dans la nature engendrent des couleurs bien plus vives et subtiles que celles que je pouvais concevoir dans mon atelier. Cette immersion totale dans un paysage luxuriant a été pour moi une révélation; n'ayant plus à m'interrompre pour laisser le modèle se reposer, j'ai pu travailler avec plus d'intensité et de spontanéité."

Elsie Popkin a adapté son matériel, ses outils et sa technique pour profiter au mieux du choix illimité des sujets en extérieur. Tout son équipement est transportable. Dès qu'elle a trouvé son sujet, elle installe son atelier.

"Je travaille d'après nature, dit-elle, pour capter la lumière et les couleurs du paysage avec une spontanéité et une intensité qui n'est possible qu'en me mesurant avec le soleil et les saisons qui ne cessent de fuir. J'essaye d'exprimer dans mes pastels l'essence du paysage. Je désire que celui qui regarde mes tableaux connaisse la satisfaction profonde qui est la mienne quand j'achève un travail. Et j'espère que mes tableaux l'aideront à voir et à apprécier les formes, les couleurs et la beauté du monde qui l'entourent."

Photo du sujet prise le premier jour où l'artiste a commencé son tableau. À la fin de ce travail au printemps, la végétation était beaucoup plus épanouie.

Étape 1: *Elle exécute d'abord un croquis au fusain sur un papier solide (BFK Rives) en indiquant l'emplacement du sentier, des arbres et des buissons. Le ton verdâtre résulte d'un mélange d'acrylique et de poussière de marbre appliqué auparavant sur le papier.*

Étape 2: *Avec ses pastels les plus durs, elle ébauche les zones principales de la composition. Dès le début elle recourt à des traits variés, plus larges que ceux qui termineront le tableau.*

Étape 3: *Elle travaille sur toute la surface, augmentant la densité de la touche dans le fond réservé aux valeurs les plus foncées. Elle cherche à distinguer les formes, s'intéresse aux lignes parallèles des arbres, aux rangées obliques des fleurs roses en bas à gauche.*

Étape 4: *Elle se concentre à présent sur les couleurs et la texture des fleurs. La distribution des lumières apparaît plus nettement. Elle ne mélange pas les traits pour ne pas ternir ni brouiller les couleurs.*

Elsie Dinsmore Popkin, *Le jardin de Pat avec des azalées molis*, 55,9 x 76,2 cm

Étape 5: *"Voici enfin la partie la plus intéressante, dit E. Popkin, car maintenant que les valeurs foncées sont en place, je peux faire du 'travail de broderie' en surface, mon fixatif dans la main droite, et mes craies dans la main gauche." Parfois, pour une facture plus "picturale", elle n'attend pas que le fixatif ait séché. Elsie veille autant aux détails qu'à l'éclat des couleurs tout au long de son travail.*

Elsie Dinsmore Popkin, *Le jardin du Dr Spur en mai – iris et pivoines,* 96,5 x 127 cm

La peinture en extérieur a ses inconvénients. "Je travaille presque toujours d'après nature. Comme on ne peut jamais compter sur une météo clémente, je n'ose perdre du temps dans des études approfondies; mes croquis préliminaires sont dans ma tête. Je photographie souvent le sujet au début, en cas de pluie abondante ou de gel, mais en général j'ai terminé mon tableau avant que le film soit développé."

Elsie Dinsmore Popkin, *Panorama du bras de mer de Bogue,* 76,2 x 279,5 cm (cinq panneaux de 76,2 x 55,9 cm chacun)

"Sur une plage de la Caroline du Nord, en juin, j'ai peint un panneau par jour, en travaillant de 10 h du matin à 6 h du soir. De retour à mon atelier, j'ai accroché les cinq panneaux au mur et harmonisé les nuages, l'eau et les îles."

Peindre la ville

SIDNEY HERMEL

La ville de New York représente un sujet inépuisable pour Sidney Hermel. Il capture dans ses tableaux l'esprit de la métropole - les passants, l'architecture, l'activité, les couleurs et même l'illusion des bruits de la rue.

Il puise ses sujets dans les rues; il y dessine et peint les petites études d'après lesquelles il réalise ses œuvres. Il saisit des instants avec des traits et des touches rapides. De retour à son atelier, il exploite ces croquis sur le vif dans des études de couleur approfondies avant de se lancer dans la réalisation du tableau définitif. Il lui arrive d'utiliser aussi des photos, mais ses croquis et son expérience de la ville constituent ses principales références.

Dans ses études, il a juste le temps de noter les gestes, les rapports de valeur et les impressions de couleur qui vont trouver place dans l'œuvre achevée, mais où sont exclus les subtils effets de lumière ou les détails très élaborés. Sidney Hermel cherche à intégrer les personnages et les bâtiments dans l'ensemble de la composition. Il évite les contours, privilégie les bords estompés pour donner son unité au tableau en laissant les couleurs s'épandre d'un objet à l'autre. La technique reste cependant secondaire par rapport au sujet. Sidney passe beaucoup de temps à se promener dans les petites rues animées de New York, toujours à l'affût d'un sujet intéressant.

C'est la toile de fond colorée du bâtiment protégé par l'austère palissade qui a séduit l'artiste dans ce sujet. "La couleur, les formes et les attitudes des spectateurs sur le trottoir ont été comme autant de signaux, explique Sidney. J'ai croqué la scène avec un crayon feutre, mon outil favori pour les croquis."

Il a achevé ses études de couleur dans son atelier, alors que la scène était encore fraîche dans sa mémoire. Cette esquisse à l'aquarelle élargit le champ de vision. Sidney décide que l'intérêt principal résidera dans les spectateurs, les "contrôleurs des travaux finis". Il s'est donc orienté vers un tableau plus grand en les situant comme seul centre d'intérêt.

Étape 1: *Choisissant un papier de verre Hermes, il définit la composition avec une peinture à l'huile largement diluée dans du solvant. Cette couche de base peu rigoureuse permet à l'artiste de se concentrer sur les couleurs, les valeurs, les gestes et la répartition des masses et non sur les détails anatomiques ou l'architecture.*

Étape 2: *"Utilisant des NuPastel, j'ai ébauché les personnages, la palissade et le fond en faisant attention à l'harmonie des couleurs. Je suis à l'affût de toute astuce visuelle me permettant de renforcer la structure et le dessin du tableau. Par endroits je laisse le fond absorber les personnages pour les intégrer totalement dans le tableau, afin qu'ils n'aient pas l'air d'avoir été 'plaqués'. J'ai introduit les jaunes et les rouges des grues dans les personnages au premier plan, pour renforcer l'unité des couleurs. Utilisant à ce stade des pastels Rembrandt plus tendres, j'ai accentué les couleurs et les valeurs, et retravaillé la texture du tableau."*

Sidney Hermel, *Contrôleurs des travaux finis*, 35,6 x 45,7 cm

Étape 3: *Il est clair que les personnages constituent l'intérêt essentiel du tableau, le fond permettant de situer le contexte. La touche est audacieuse et alerte, et la couleur imaginative, comme les rehauts violets sur les machines. La rugosité du papier de verre autorise une densité de pigment.*

Le sujet dans l'atelier

Étape 1: *"Je commence par un triangle et un dessin rapide au fusain de vigne, en décentrant légèrement les objets. J'ai peint ce pastel sur du papier de verre."*

Étape 2: *"Je travaille et corrige lè dessin au fusain, effaçant les lignes et estompant les zones avec les doigts. Ce sont les formes principales, non les détails, qui m'intéressent ici."*

RICHARD PIONK

Comme Sidney Hermel, Richard Pionk est un artiste new-yorkais, mais il travaille uniquement en intérieur. Fidèle à la tradition, il arrange et peint ses superbes natures mortes en maîtrisant au maximum le choix des objets, leur agencement et l'éclairage.

Par la fenêtre de son atelier orienté au nord pénètre une lumière qui ne varie pas. La partie inférieure de la fenêtre a été condamnée afin que la lumière tombe sur les objets comme si elle venait d'une lucarne.

"Je m'intéresse particulièrement aux effets de lumière, explique-t-il. Dans la peinture des clairs-obscurs l'œil suit la lumière, va d'une zone à l'autre, et les ombres donnent sa structure au tableau. En général ma source de lumière éclaire le centre d'intérêt du tableau par la gauche. Le fond est sombre et la lumière sur les objets devient plus éclatante vers la droite."

Son intérêt pour la lumière donne à ses tableaux une facture classique, de même que sa technique consistant à travailler en partant des valeurs vers les couleurs. Quel que soit son support, il commence chaque tableau par un dessin au fusain pour placer les formes et les valeurs, puis il s'attaque aux zones de couleur.

Il donne corps à ses couleurs avec des pastels français qu'il préfère pour leur tendresse et l'éclat de leurs couleurs. Il vaporise un peu de fixatif entre deux couches, à trente centimètres de la surface, pour ne pas assombrir le pastel. Il lui arrive de foncer délibérément une zone avec le fixatif. "Plus la zone est foncée, plus l'impact est intense", dit-il.

Étape 3: *"Je prends des pastels durs pour les couleurs de base. Au besoin, je rectifie le trait." Richard Pionk progresse souvent de gauche à droite pour souligner le sens de la lumière.*

Étape 4: *"Je remplis les formes principales avec les pastels durs, utilisant l'instrument sur sa longueur par pressions légères. D'abord les tons foncés, puis les demi-tons et enfin les tons clairs. Je procède pareillement dans tous mes pastels."*

Étape 5: *"Les objets ressortent peu à peu grâce à un travail sur la forme de base et une accumulation de couleurs. Pour une meilleure visibilité , je donne plus de netteté à certains contours. Dans le tableau final, certains bords seront durs, d'autres estompés, selon l'endroit et l'éclairage."*

Richard Pionk, *Melon et raisins*, 38 x 38 cm

Étape 6: *"Je vaporise un peu de fixatif sur la surface et ajoute un minimum de détails avec des pastels tendres. Je n'oublie jamais l'élément principal de la composition (le melon). Les raisins noirs et la tranche de melon mènent le regard vers le gros melon qu'ils encadrent. Je fais en sorte que les formes et les couleurs s'équilibrent dans le fond. Les grains de raisin à l'écart des autres sont travaillés plus en détail, étant donné leur proximité. Le tableau s'achève par une légère vaporisation de fixatif."*

Ces détails montrent comment l'artiste suggère certaines formes et en traite d'autres avec minutie (celles qui sont plus proches et mieux éclairées). Il adoucit ses contours avec des traits de pastel grossiers ou en mélangeant légèrement les touches avec le doigt.

Richard Pionk, *Pommes sur une table*, 22,9 x 38 cm

Cette composition simple met en valeur la beauté propre à chaque fruit. Nulle astuce, nulle recherche d'effet dans l'œuvre de Pionk, mais une habile connaissance de son art combinée à une patience infinie et à une grande concentration.

Fay Moore, *Retour de chasse*, 122 x 122 cm

CHAPITRE 12

LES CORRECTIONS
La liberté de créer

Les pastels sont des outils très indulgents qui offrent la possibilité de corriger la plupart de ses erreurs. Ce qui donne toute latitude pour expérimenter des nouvelles techniques et rechercher l'émotion.

Ma spontanéité d'exécution m'obligeant à modifier ou à recouvrir sans cesse des touches malheureuses, j'ai mis au point plusieurs façons de rectifier les maladresses.

Savoir que le moindre trait peut être modifié, et qu'il est possible d'ajuster les valeurs ou de changer les couleurs, apporte un grand sentiment de liberté à l'artiste. Il peut s'en remettre à l'imprévisible, expérimenter, approfondir librement sa vision. Parmi les oeuvres d'art classiques ou résolument modernes, nombreuses sont celles qui ont été réalisées au pastel. Toutes les options sont possibles.

Barbara Geldermann Hails, *Sous le pont*, 61 x 76,2 cm

La composition initiale incluait un promeneur sur le chemin. Estimant qu'il n'apportait rien au tableau, Barbara Hails l'a tout simplement recouvert sous plusieurs épaisseurs de traits au pastel.

Madlyn-Ann Woolwich, *La plage au crépuscule*, 45,7 x 61 cm

Les rochers étant trop lisses, l'artiste a alternativement "vaporisé du fixatif et retravaillé la surface, et ainsi de suite jusqu'à ce que leur texture paraisse friable".

DIFFÉRENTES MÉTHODES POUR CORRIGER LES ERREURS

Frotter. Enlevez le pigment en frottant la zone concernée avec un chiffon, une serviette ou un mouchoir en papier. Vous pouvez ainsi éliminer les contours incorrects, estomper les valeurs et les couleurs et enlever les couches de pastel malheureuses. Il est également possible de repousser le pastel dans les fibres du papier avec les doigts, et de le recouvrir ensuite avec de nouveaux traits.

Brosser. L'usage d'une brosse sèche à poils durs permet d'obtenir à peu près les mêmes résultats qu'en frottant.

Gratter. Grattez les petites zones recouvertes de pastel dur avec un couteau ou un scalpel, en faisant attention de ne pas abîmer la surface.

Gommer. Sur les premiers traits de pastel ou après avoir utilisé une brosse pour enlever une épaisse couche de pigment, servez-vous d'une gomme malléable pour faire disparaître les traces résiduelles. Bien souvent, la couleur originale du papier réapparaît. (Je "dessine" également avec la gomme sur les zones fondues pour faire ressortir par endroits la couleur du papier.)

Mouiller. Avec un pinceau mouillé, diluez la couleur par endroits (avec de l'eau, de l'essence de térébenthine ou un autre solvant). Les couleurs se mélangent et vous permettent de retravailler la surface. L'eau risque cependant de déformer un papier trop léger et de gâcher la texture du papier de verre.

Peindre. Si vous aimez les techniques mixtes, vous pouvez masquer une zone de pastel sous une couche opaque de gouache, d'huile ou d'acrylique. La peinture doit être très diluée pour préserver la texture de base de votre surface. N'utilisez la peinture à l'huile que sur une surface qui s'y prête, et rappelez-vous qu'une peinture à l'eau n'adhère pas sur une couche préliminaire à base d'huile.

Fixer. Pour retravailler sur une surface couverte d'une épaisse couche de pastel, pulvérisez un fixatif par petites couches successives (en respectant un temps de séchage entre deux couches). Tenez le produit à trente centimètres au moins de la surface verticale, afin d'éviter les taches. Lorsque la dernière couche de fixatif est sèche, vous pouvez masquer le travail initial sous de nouveaux traits de pastel.

Avant d'appliquer le fixatif sur une zone, protégez le reste du tableau avec du papier. Le fixatif en bombe tend à foncer le pastel, supprimant même les rehauts. Il vous est donc possible de l'utiliser délibérément pour foncer certaines zones trop claires. Mais si le fixatif est trop épais, la surface prendra un aspect de matière plastique.

Recouvrir. Il est possible de dissimuler des traits maladroits sous une couche de pastel tendre, du moins tant que le papier est capable de retenir le pigment.

Mary Morrison, *Marché estival*, 73,7 x 109,2 cm

L'artiste se donne la liberté de modifier sa composition en cours de travail. L'usage d'un fixatif lui permet de retravailler les surfaces, d'éliminer ou de corriger des traits antérieurs. Lorsque la zone à reprendre est importante, elle utilise une brosse à poils durs pour enlever le pastel.

Texture, texture, davantage de texture

FAY MOORE

Fay Moore a reçu un enseignement artistique classique. Elle a appris à construire ses tableaux en superposant de multiples voiles de couleur transparents. "L'intérêt d'un tableau réside dans la multitude des couleurs et des textures, dit-elle. Tout ce qui est au-dessous contribue à l'œuvre, l'enrichit et n'est jamais perdu."

Ses tableaux de chevaux offrent plusieurs "lectures": l'anatomie des chevaux et des cavaliers, le dessin abstrait des couleurs et des valeurs, et l'histoire de la course elle-même. Ces différentes approches justifient d'autant plus son traitement des couleurs.

Elle dit à propos de son style: "Je l'ai développé par moi-même en ayant en tête l'objectif que j'applique dans toutes les techniques picturales, à savoir la représentation d'une scène avec un maximum de liberté et d'enthousiasme, sans pour autant perdre l'image de vue."

Elle crée souvent des "accidents heureux" dans des zones manquant d'intérêt en ajoutant de l'eau sur le pastel pour que le pigment dilué s'épande alentour. Elle travaille alors alternativement au pastel et à l'aquarelle jusqu'à ce qu'elle atteigne son objectif.

"Pour moi, dit-elle, il n'est pas question de surcharger la surface à force de la retravailler. Lorsqu'une zone ne me satisfait pas, je passe dessus un pinceau bien mouillé. Le pigment dilué réagit en se fixant différemment, mais il reste toujours une trace du travail antérieur qui contribue à la composition finale du tableau."

Elle utilise très peu de fixatif, mais tapote son support à la fin d'une période de travail pour faire tomber la poudre de pastel en excès.

Étape 1: *Fay Moore réalise un certain nombre de dessins rapides au fusain sur des feuilles de papier-calque. Le dernier est au crayon fusain, pour affiner les détails. Il est fixé afin d'être transféré avec un carbone sur le support définitif.*

Étape 2: *"J'ai transféré le dessin sur une toile à pastel et j'ai repris les contours avec une encre rouge indélébile. Les détails anatomiques sont à présent exacts, et je peux me permettre une plus grande liberté dans les traits qui transparaîtront par endroits dans le tableau final."*

Étape 3: *Elle ajoute ensuite de la gouache et des voiles d'aquarelle pour définir ses couleurs de base ainsi que les zones claires et foncées de la composition. Elle éclabousse davantage de couleur, mouillé sur sec, pour enrichir la texture de la surface et définir les tonalités froides ou chaudes.*

Étape 4: *Elle rajoute des voiles de couleur et des éclaboussures claires et foncées.*

Étape 5: *Fay Moore détermine les couleurs des casaques et introduit les premières touches de pastel.*

Étape 6: *(Détail) Elle ajoute des taches de pastel pour enrichir les couleurs et les valeurs. Le pastel est appliqué par traits plus ou moins durs. La touche est fondue par endroits avec une estompe à dessin pour modeler une zone ou intégrer le pastel à l'aquarelle.*

Fay Moore, *L'été sur les champs de course*, 81,3 x 86,4 cm

Étape 7: *"Il me faut maintenant des teintes plus foncées au sol, c'est pourquoi j'étends librement des voiles en bas du tableau. (Voir détails ci-dessous.) J'ajoute des arbres au loin, et utilise un voile brun foncé sur certaines pattes et encolures. La couleur déborde des contours. J'entérine les nouveaux contours pour rester fidèle jusqu'au bout à la spontanéité d'exécution."*

Ce détail montre trois étapes différentes du travail. On y voit comment l'artiste accentue des valeurs foncées en ajoutant des voiles de couleur et des traits au pastel alors que le travail a déjà bien progressé.

Fay Moore, *Lady's Secret*,
96,5 x 96,5 cm

Dans ce tableau plein de fougue, les traits linéaires au pastel sont bien visibles. Afin d'unifier les textures, Fay incorpore de solides touches de pastel aux voiles de couleur et aux éclaboussures dans le premier plan et au fond.

Faire feu de tout bois

Étape 1: *J'ai commencé ce sujet sur un papier Morilla de Fabriano par-dessus un pastel raté. La solidité du papier m'a permis d'enlever le pastel avec un chiffon et d'utiliser une peinture liquide. J'ai d'abord exécuté un dessin préliminaire avec de l'acrylique appliquée au pinceau.*

Étape 2: *Quelques couleurs acryliques suffisent pour traiter les zones principales. La touche libre contribue à créer une texture intéressante. Je veux montrer la relation existant entre ces deux personnes (la femme essaye de vendre un espace publicitaire à un client potentiel tout en prenant son petit déjeuner dans un café du quartier), aussi je me concentre sur les gestes et la position des deux protagonistes.*

CAROLE KATCHEN

Quand je peins je m'intéresse principalement au sujet, en général des personnages, et notamment à leurs rapports entre eux. Je préfère peindre avec des pastels, car je peux les utiliser de la façon la mieux adaptée à la scène.

J'aime beaucoup alterner pastel et acrylique dans un même tableau. J'ai adopté cette technique mixte à un moment où j'avais le sentiment d'être dans une impasse totale. J'ai étendu une couche opaque d'acrylique sur des traits au pastel assez chaotiques, et le résultat s'est avéré satisfaisant. Les couleurs se sont estompées et j'ai pu retravailler la surface.

J'ai depuis lors exploré plus à fond le procédé, en définissant des larges zones de couleur à l'acrylique que j'affine ensuite au pastel. J'utilise souvent cette technique sur un pastel raté.

En cours de travail, j'utilise du fixatif pour retravailler une zone ou superposer les traits et mélanger les couleurs. Je termine en vaporisant légèrement du fixatif afin de protéger la surface.

J'éprouve un grand plaisir à travailler, car pour moi peindre est à la fois une joie et une aventure.

Étape 3: *Je traite toute la surface librement au pastel. J'utilise des couleurs qui s'harmonisent avec les acryliques, car je désire définir de solides zones de couleur.*

Étape 4: *Le tableau manquant d'éclat et de relief, je l'égaye en variant les valeurs et les couleurs. J'utilise de l'acrylique avec une touche libre, laissant quelques traits au pastel visibles. Avec des voiles plus dilués et une plus forte pression du pinceau sur la surface, je mêle les couleurs acryliques à celles des pastels.*

Carole Katchen, *Vente en douceur*, 69,8 x 99 cm

Étape 5: *Traitant à nouveau toute la surface au pastel, j'obtiens mes textures et mes couleurs définitives. Pour les endroits plus lisses, comme sur les visages, j'utilise le pastel afin d'éliminer les espaces entre les touches d'acrylique. Ailleurs, sur le pull-over de l'homme par exemple, la peinture et le pastel s'entremêlent sans se fondre, ce qui donne un maximum de vitalité à la texture. Des accents contrastés au pastel renforcent l'intérêt visuel du tableau.*

CONCLUSION

Les 20 artistes présentés dans cet ouvrage ont choisi le pastel pour exprimer, chacun à leur manière, leur vision personnelle du monde qui les entoure. Leurs œuvres reflètent la très grande variété des techniques offertes aux pastellistes.

Le vaste choix du matériel disponible multiplie encore ces possibilités. De la précision des crayons pastel à l'expressivité et à la douceur des pastels tendres, la qualité du pigment joue un rôle primordial dans la créativité artistique.

Vivacité des hachures croisées ou élégance subtile des mélanges de couleurs, la façon d'appliquer le pigment influe également sur l'ambiance et la texture du tableau.

Tous les éléments d'un tableau – couleurs, valeurs tonales, composition – peuvent être traités au pastel en dehors des sentiers battus. Le pastel vous autorise toutes les audaces, toutes les expériences, car les erreurs et les maladresses se masquent ou se corrigent aisément.

Un artiste n'a jamais fini d'approfondir sa vision, d'enrichir sa technique, de perfectionner son art, découvrant sans cesse de nouvelles possibilités.

Si vous n'avez pas encore éprouvé la joie de travailler avec des pastels, faites le pas, il sera peut-être décisif dans votre évolution personnelle. Et si vous êtes déjà familiarisé avec cette technique, explorez des voies nouvelles ! Les seules limites du pastel sont celles que vous vous imposez vous-même.

ANNEXE 1

Je dresse ici une liste de couleurs contenant certaines substances toxiques. La substance en cause est précisée avec chaque couleur, et un signe (*) indique les couleurs particulièrement dangereuses. Evitez de les employer, ou utilisez-les avec la plus grande prudence. Cette liste n'est bien entendu pas exhaustive, étant donné la multiplicité des pastels sur le marché. Il est à noter que certaines couleurs ont gardé leur appellation traditionnelle (comme le jaune de Naples), bien que leur composition chimique exclut à présent les éléments les plus toxiques. Les deux types chimiques étant souvent disponibles, il est conseillé, dans le doute, de s'informer auprès du fabricant.

Jaune de zinc : chromate de zinc

Couleurs de cadmium (jaune, orange, rouge, etc.) : cadmium

Jaune de Naples (vraie couleur) : antimoniate de plomb*

Couleurs de chrome (surtout le jaune) : chromate de plomb*

Rouge de plomb : plomb*

Violet de cobalt : phosphate de cobalt, ou arsénite* (à proscrire)

Autres couleurs de cobalt : cobalt

Vermillon : sulfide mercurique

Bleu céruléen : cobalt et oxydes d'étain

Vert émeraude : la couleur traditionnelle contient de l'arsenic* (à proscrire), contrairement aux nouvelles marques (vérifier auprès du fabricant)

Terre d'ombre naturelle : silicates de manganèse

Terre d'ombre brûlée : dioxyde de manganèse

Brun de Mars : dioxyde de manganèse

Autres couleurs de manganèse

PRÉCAUTIONS GÉNÉRALES

- Lavez-vous les mains régulièrement si vous touchez fréquemment le matériel.
- Évitez de manger ou de fumer en travaillant avec des pastels.
- Évitez de respirer la poudre de pastel. Sortez au-dehors pour enlever le pastel en excès accumulé sur votre tableau, et portez éventuellement un masque pendant l'opération. Equipez éventuellement votre atelier avec un filtre à air électrique.
- Dans la mesure du possible, n'utilisez pas de fixatif dans votre atelier. L'inhalation prolongée du produit risque de s'avérer dangereuse. Vérifiez la ventilation de la pièce. Veillez également à ne pas utiliser de fixatif à proximité des enfants ou des animaux domestiques.

ANNEXE 2

Les bons fournisseurs de matériel pour artistes proposent de larges gammes de pastels et de nuances, des fabricants suivants :

Caran d'Ache
Conté S.A.
Faber Castell
Grumbacher
Holbein
Koh-I-Nor
Lefranc & Bourgeois
NuPastel
Pentel
Prismacolor
Rowney
Sakura
Sennelier
Talens (Rembrandt)

Going Up Berthoud (collection de Dr et Mme W. Meacham), *Near Times Square* (collection de M. et Mme J. Silverman Jr), *The Denver Parish* (collection de Dr et Mme W. Meacham), *Berthoud Woods* (collection de U.S. West Telephone Company), *Elizabeth's Daughter*, copyright © Doug Dawson. Publiés avec la permission de l'artiste.

Bill Eating Watermelon © 1986, *Chum's Back* © 1987 (collection de Maxwell Davidson Gallery), *Immaculate Grinding Wheels* © 1988 (collection de G. Gund), *Dorinne Seated with Mirror* © 1986 (collection de Maxwell Davidson Gallery), *Dorinne with Pearls* © 1989 (collection de Sande Schlumberger), *Kate Reclining* © 1987 (collection de Carol Jones), copyright © Deborah Deichler. Publiés avec la permission de l'artiste.

Bellbrook Creek in Winter, Morning Marsh, Morning Light, Daybreak on the Stillwater, Winter Warmth, January Shadows, copyright by Robert E. Frank. Publiés avec la permission de l'artiste.

Solitude © 1986, *Boardwalk through the Dunes* © 1988, *Gate Vista* © 1984, *The Lock* © 1986, *Alalea Bank* © 1988, *Low Bridge* © 1986, copyright © Barbara G. Hails. Tous ces tableaux font partie de collections particulières. Publiés avec la permission de l'artiste.

Tonight at Vancouver © 1983 (collection de Jerry Kirk, San Francisco, Californie), *Santa Monica Bay* © 1985, *Nice Sunday* © 1981, *Hollywood 101* © 1982 (collection de Barry Meek, Los Angeles, CA), *Windy Day* © 1985, copyright © Christian Heckscher. Publiés avec la permission de l'artiste.

Greenmarket, Horseshoe Bay, Bermuda, Piazza San Marco, Pete's Tavern, On the Avenue, Kim's Market, Sidewalk Superintendents, copyright © Sidney H. Hermel. Publiés avec la permission de l'artiste.

At the Flea Market © 1987, *Still Life in Blue and Gold* © 1988 (collection de M. et Mme Joseph Francis), *Bryan in the Pool* © 1989, *Outside Leesburg* © 1989 (collection particulière), copyright © Bill James. Publiés avec la permission de l'artiste.

Still Life with a Blue Pitcher © 1988, *Gourds and Onions* © 1983 (collection particulière), *Still Life with Three Eggs* © 1989 (collection particulière), *White Still Life* © 1979 (collection particulière), copyright © Jane Lund. Publiés avec la permission de l'artiste.

Side Gardens, End of Summer (collection de Carol Duemler, Pasadena, CA), *Morning Patterns, Asheton House* (collection de Shawn et Susie Collard, Tujunga, CA), *Atwood Lane in Snow, Winter Sun* (collection de Pat et Greg Kowalski, Pasadena, CA), *Autumn Skies: Sunset on Alden Street* (collection de Robert Pompa, Pasadena, CA), *Atwood Lane, New Snow* (gracieuseté de Lizardi/Harp Gallery, Pasadena, CA), *New Shoes* (collection de Moe Van Dereck, Provincetown, MA), copyright © Simie Maryles. Publiés avec la permission de l'artiste.

Woman with Red Hair © 1988, *Blue Table/Striped Chairs* © 1988 (collection de Ed O'Nell), *Woman at the Bar* © 1989 (collection de M. et Mme David Meissner), *Window Table* © 1989 (collection de M. et Mme G. Richard Hanor), *Waiters Setting Up* © 1988 (collection de Harry Pelz), copyright © Jody DePew McLeane. Publiés avec la permission de l'artiste.

Seattle Slew © (collection de M. Harry Cohen), *Hard Scuffle* © 1989 (collection de Brown Forman Corp.), *Summer Stakes Race* © 1989 (collection de Brown Forman Corp.), *Lady's Secret* © 1988 (collection de M. Michael Harrison), copyright © Fay Moore. Publiés avec la permission de l'artiste.

CRÉDITS

The Mill © 1988 (collection du Dr Lester Butt), *The Yard* © 1988, *Last Train* © 1988 (collection de M. et Mme Vincent Patrick), *Boxes* © 1989 (collection de Marian et Louis Peskin), *Summer Market* © 1989 (collection de Martin Sickles), copyright © Mary Morrison. Publiés avec la permission de l'artiste.

Lemon Hill (collection particulière), *Cumberland Freight Station, August* (collection du Dr Maria B. Smith), *A Sense of Absence* (collection particulière), copyright © Edith Neff. Publiés avec la permission de l'artiste.

La Calle Angosta © 1988 (gracieuseté de Galeria Capistrano), *Los Musicos* © 1988 (collection de U.S. West Corp.), *Backseat Vatos* © 1989 (gracieuseté de Joanne Lyon Gallery), copyright © Anthony Ortega. Publiés avec la permission de l'artiste.

Oranges and Wine © 1985 (collection particulière), *Bittersweet and Apples* © 1986 (collection particulière), *Reflections, Peaches* © 1985 (gracieuseté de Moran Gallery), *Grapes and Apple* © 1983 (collection particulière), *Mountain Laurel* © 1985 (collection particulière), *Oranges and Books* © 1983 (collection particulière), *Persian Vase and Bittersweet* © 1986 (collection particulière), *Melon and Grapes* © 1986 (gracieuseté de Windborne Gallery) *Apples on Table*, copyright © Richard C. Pionk. Publiés avec la permission de l'artiste.

Reynolda Gardens — Marigolds and Celosia © 1988 (collection de Jeffrey G. Stark), *Reynolda Gardens — Globe Amaranth and Abelmoschus* © 1988, *Pat's Garden with Carolina Silverbells* © 1989 (collection de M. et Mme William W. Toole), *Dr. Spur's May Garden — Irises and Peonies* © 1988 (collection particulière), *Bogue Inlet Panorama* © 1987 (collection de Cornell University), copyright © Elsie Dinsmore Popkin. Publiés avec la permission de l'artiste.

Field of Gold, Sunlit Walk, Dotted Meadow, copyright © 1989 Diana Randolph. Publiés avec la permission de l'artiste.

Picnic (collection de Suzanne Brown), *Rosemarie Reading* (gracieuseté de Western Images Gallery), *Tying Up Hair* (gracieuseté de Western Images Gallery), *Sundried* (collection de M. et Mme Donald H. Ellis), *Men in White #3* (collection de Peter et Barbara Block), *Morning News* (collection de M. et Mme Robert Lang), *Men in White #4* (collection de M. et Mme Lawrence Hantman), *Sun Nap* (collection of Peter and Barbara Block), copyright © Sally Strand. Publiés avec la permission de l'artiste.

The Double Wave © 1987 (collection particulière), *Midmorning on Monhegan Island* © 1989, *East Point Lighthouse* © 1989 (gracieuseté de Evergreen Gallery, Spring Lake, NJ), *Twilight Beach* © 1989 (collection Pastel Society of America), *Rock Garden* © 1988 (collection de M. et Mme Joel Goldblatt), copyright © Madlyn-Ann C. Woolwich PSA. Publiés avec la permission de l'artiste.

INDEX DES REPRODUCTIONS